父母的语言

刘慧滢／编著

吉林文史出版社
JILIN WENSHI CHUBANSHE

图书在版编目（CIP）数据

父母的语言 / 刘慧滢编著 . -- 长春 : 吉林文史出版社，2023.5

ISBN 978-7-5472-9164-1

Ⅰ . ①父… Ⅱ . ①刘… Ⅲ . ①家庭教育 Ⅳ . ① G78

中国版本图书馆 CIP 数据核字 (2022) 第 196913 号

父母的语言
FUMU DE YUYAN

编　　著	刘慧滢
出 版 人	张　强
责任编辑	宋昀浠
封面设计	郑金霞
出版发行	吉林文史出版社
地　　址	长春市净月区福祉大路 5788 号出版大厦
印　　刷	天津海德伟业印务有限公司
开　　本	640mm×910mm　　1/16
印　　张	12
字　　数	133 千
版　　次	2023 年 5 月第 1 版
印　　次	2023 年 5 月第 1 次印刷
书　　号	ISBN 978-7-5472-9164-1
定　　价	69.00 元

言传身教，是我国自古以来不同时代的父母都在奉行的教育准则。言传，即用语言沟通的方式来教育、影响孩子。可见父母的语言应用技巧，在孩子的教育过程中，有着多么重要的地位和作用。

随着孩子渐渐长大，父母会发现无论自己怎么苦口婆心地劝说，如何费尽心机地教导，孩子好像就是不明白，不能照做。父母看在眼里，急在心里，巴不得立刻让孩子明白对和错，乖乖听话。可是，成长并不是一朝一夕的事情，沟通也不是着急就能做好的。有时候，越着急就越容易出错，不但不能起到正确的引导作用，还会影响亲子之间的感情。

孩子不愿意与父母沟通交流，其实很大程度上是因为父母没有学会如何跟孩子说话。比如：孩子没有考好，父母就会用各种难听的话来数落孩子："你真笨！怎么连这么简单的题都不会做？"或是直接给孩子贴标签："你天生就不是个读书的料！"……

父母以为孩子听了这些话，就会幡然醒悟，从而好好读书。事实上，这些话语只会让孩子离父母越来越远，越来越不愿意与父母交流，因为孩子需要的是一个接纳他们感受的人，是一个能够倾听他们内心需求的人。

　　语言的沟通不仅包括话语的输出，也包括对沟通对象情绪反应的捕捉、等待和倾听。父母只有会交流，孩子才愿意与之沟通。而只有亲子之间沟通顺利，父母的语言才会对孩子的现在及未来产生不可估量的影响。

　　在与孩子说话时，父母应多用开放的、激发孩子思考的问话。如：发生了什么事？你觉得问题出在哪里？以后发生类似的问题你会怎么做？现在你的打算是什么？你想要什么结果？当孩子不断得到父母的支持后，就会对父母产生越来越深的信赖感。

　　在与孩子进行日常交流时，父母少用"我命令你……""你最好赶快……""我数一、二、三……否则……"这样带有指挥、命令、责备等负面意义的语言，多用"咱们一起""你看这样好不好"等商量的语言与孩子交流。这样会减少孩子对父母教导的抵触，减轻或消除亲子之间的隔阂，从而让孩子与父母之间形成温馨友爱的沟通氛围。

　　本书搜集了上百个精彩案例，从倾听、提问、引导、肯定、尊重、批评六大方面向父母传授和孩子交流的技巧，解决父母与孩子交流中所遇到的难题，让每一位父母都能够掌握与孩子沟通的正确方式，与孩子建立起彼此尊重、相互坦诚的亲子关系，开启幸福、快乐、和谐的生活。

目 录

CONTENTS

第一章　有时无声胜有声，父母应学会使用无声的语言 / 001

要想和孩子沟通，就必须学会倾听 / 002

孩子不愿说的话，会从眼里流露出来 / 007

时刻告诫自己，要让孩子把话说完 / 012

边听边思考，听懂孩子的弦外之音 / 016

与孩子沟通时，你的表情会出卖你的心 / 021

孩子不愿沟通时，一封信可抵千言万语 / 025

第二章　批评的方式对了，才能起到教育孩子的效果 / 032

孩子要面子，把批评的话语留到回家再说 / 033

父母的贬低和否定，会让孩子停止爱自己 / 037

幽默，是批评的最高级形式 / 042

孩子最讨厌的批评方式——翻旧账 / 047

借助沉默的力量，引导孩子自省 / 051

只批评自家孩子，别表扬他人孩子 / 056

第三章　激励是个"技术活"，可不是夸两句那么简单 / 061

学习不是交易，真正的激励不需要"行贿" / 062

不一定要听父母的，孩子可以自己拿主意 / 067

夸奖孩子聪明，不如称赞他们努力 / 072

孩子的进步再小，也值得被肯定 / 078

得到的肯定越多，孩子的闪光点就越亮 / 082

别再说"你真棒"了，夸奖要走走心 / 086

第四章　掌握孩子的心理，才能引导他们的行为 / 091

父母变身为朋友，孩子更容易敞开心扉 / 092

站在孩子的角度，有助于看清孩子的世界 / 097

巧用激将法，让孩子变得"顺从" / 101

亲子"谈判"时，避免被孩子牵着鼻子走 / 107

说服不了孩子时，试着讲个故事 / 112

有的话不必明说，积极的暗示就管用 / 117

第五章　即便是聊天，孩子也需要父母的尊重 / 122

管住嘴巴，不要把孩子的隐私说出来 / 123

争吵也是一种沟通，但要保持理智 / 128

父母也会犯错，错了就要道歉 / 133

孩子也有权"参政"，有必要听听他们的意见 / 138

在民主的家庭氛围中，孩子更健谈 / 144

别拿孩子开玩笑，也不要取笑孩子 / 149

第六章　父母会提问，才能得到想要的答案 / 155

再多的疑问，一次也只能问一个问题 / 156

反问式的提问，只会让矛盾升级 / 160

审问式提问，会让孩子"自动防御" / 165

想得到真实的答案，就不要假设为先 / 170

答案不确定时，先不要归罪于孩子 / 174

多一个选择，孩子更容易找到答案 / 179

第一章

有时无声胜有声，父母应学会使用无声的语言

　　亲子沟通不仅仅是说话而已，愿意倾听的态度、说话时的表情、赞许的眼神以及恰到好处的语言，都是沟通中的一部分。

　　有效沟通的前提是父母充分了解孩子的心声，这样才能将话说到孩子的心里去。这就意味着，在与孩子沟通时，父母首先要学会倾听，将说话的权利交给孩子，让孩子畅所欲言，不受任何干预地表达。只有孩子愿意表达了，父母才能走进孩子的内心世界；只有父母愿意走进孩子的内心世界，孩子才愿意进一步对父母敞开心扉。

要想和孩子沟通，就必须学会倾听

在传统的教育理念中，父母常常抱着"过来人"的姿态，认为自己比孩子的经验、阅历都要丰富，自己的忠告和建议能够帮助孩子少走弯路，因此常常不论孩子是否认同都要将自己的想法强加给孩子。结果往往事与愿违，不仅没有对孩子起到任何积极作用，反而将孩子越推越远。

⊙ 沟通误区

小景上了初一后，选择了住校，每个星期回家一次。每次回家，妈妈都会拉着小景说个不停。

"小景，学校的饭菜好吃吗？"妈妈问。

"还行吧。"小景回答。

"妈妈就知道做得不行，肯定没有妈妈做得好吃。"妈妈紧接着又问，"在宿舍里跟其他同学相处得怎么样啊？"

"挺好的。"小景回答。

"要是有人欺负你，你可要告诉爸爸妈妈呀，爸爸妈妈给你出头去。"妈妈说。

"妈，没人欺负我。"小景无奈地说。

"你这孩子呀，从小就老实，别人欺负你了，你都不敢告诉老师。有多少次都是妈妈发现了你身上青一块紫一块的，才知道你被人欺负了。"妈妈说。

　　"哎呀，妈，真的没有人欺负我，你要我说多少遍你才相信呀？"小景有些急了，语气也有些冲。

　　妈妈听了，感到很委屈，说道："哎，你这孩子，怎么这么不懂事呢？妈妈担心你，你还发起脾气来了。"

　　妈妈的话，让小景感到很无奈，他怕妈妈再说起来没完没了，赶紧躲回了自己的屋子里。

　　看着小景紧闭的房门，妈妈心里更加难受了，她很怀念那个小时候总是缠着她说话的儿子，她觉得儿子越大，跟她越不亲了，什么话也不愿意跟她讲。

003

大部分父母都存在这样的问题：孩子只说了两个字，父母就借题发挥一长串的话语；只要认为孩子做得不对，就会马上对孩子进行指责和埋怨；在孩子解释时，往往孩子刚刚开了一个头，就被无情地打断，至于孩子究竟要表达什么，很少有耐心听下去。

作为沟通过程中经常占据主动的一方，父母往往意识不到自己已经犯下了错误。孩子愿意跟父母说话，是因为希望父母听他们说话。若是孩子说了半天，父母却依旧用自己主观的理解去看待孩子诉说的问题，那么孩子就会产生"说了也白说"的想法，从而变得不愿意跟父母说话。

孩子的思想需要通过语言表达出来，如果父母不愿意倾听孩子的心声，怎么可能全面地了解孩子呢？不了解孩子，与孩子沟通时就会很费劲。俄国教育家乌申斯基说过："如果教育者希望从一切方面去教育人，就必须从一切方面去了解人。"从这个意义上说，真正的教育是从心与心的对话开始的，耐心地倾听，是父母对孩子的尊重与接纳。

走进孩子的世界，要从倾听他们内心的声音开始。这一点，从父母自身的体会就能够得到证实。我们是喜欢与喋喋不休的人谈话，还是喜欢和能够倾听我们心声的人去交谈呢？大部分人会选择后者，一个能够耐心地听我们倾诉的人，可以让我们感到被尊重与重视，因此更愿意畅所欲言。

这个道理在孩子身上也适用。父母总是觉得孩子进入青少年时期后就变得沉默寡言了，不再像以前那样爱跟爸爸妈妈聊天了，那我们作为父母是否反思过，自己耐心地听过孩子说话吗？面对自己不认同的观点时，也能保持耐心听下去吗？如果父母能够做到认真听孩子说的每一句话，就会发现孩子的想法远远超出了父母对他们的认知。

> **典型事例**

　　明明考上初中后，向爸爸妈妈提出了住校的要求。对此，爸爸妈妈感到不能理解，因为家离学校并不远，为什么一定要住校呢？于是，当明明再次提出想要住校时，爸爸生气地问道："你为什么要住校？"

　　明明被爸爸的态度吓了一跳，嘴巴张了张，话却没有说出口。妈妈在一旁看到了，觉得孩子好像有话要说，于是便拉住明明的手坐在沙发上，先安慰道："爸爸也是担心你住校会吃不好，所以说话声音大了点，你别害怕。你心里到底是怎么想的，能不能跟爸爸妈妈说说，也许我们听了你的理由，就同意你住校了呢？"

　　明明看了看妈妈，妈妈向他投来肯定的目光，明明这才大胆地开口说道："我每天晚上都跟奶奶住在一个房间里，感觉挺不方便的。奶奶睡得早，可我有时候想多看会儿书，奶奶就会一直催我赶紧休息。奶奶还总帮我收拾书桌抽屉，让我一点儿隐私都没有。"

　　明明从小被奶奶带大，现在奶奶岁数大了，爸爸觉得明明开始嫌弃奶奶了，是不孝顺的表现，心里的怒气再也压制不住了。正准备指着明明的鼻子教训他一通时，妈妈及时按住了爸爸的手，说道："你先让孩子把话说完。"

听了妈妈的话，明明继续说了下去："所以我就想选择住校，这样晚上奶奶也能早点儿休息，我也不用担心睡得晚了会影响到奶奶。再说了，我已经长大了，可以照顾自己了，我想学着独立。"

明明说完了内心的想法，试探地看向爸爸妈妈，寻求着他们的意见。听到明明后面的话，爸爸的怒气消了一半，原来孩子并不是嫌弃奶奶，而是怕影响奶奶休息。于是，爸爸妈妈商量后，同意了明明的住校要求。

⊗ 沟通笔记

著名教育家周弘说过："要想和孩子沟通，就必须学会倾听。倾听是和孩子有效沟通的前提。不会或者不知道倾听，也就不知道孩子究竟在想什么，连孩子想什么都不知道，何谈沟通？"

很多时候，在父母看来孩子是在犯错误，实际上只是孩子情绪上感觉不好，需要倾诉和发泄，希望得到理解和心理认同。只要父母此时愿意做忠实的听众，那么当孩子情绪得到宣泄，心情平和时，他们很快就能回归理性，按正确的方式去做事。

因此，在亲子沟通中，父母首先要做的，就是克制自己的情绪，耐心地、充满关爱地倾听，让孩子把想说的话说完，这样才能全面了解孩子真实的想法。

孩子不愿说的话，会从眼里流露出来

自从孩子长大以后，你有多久没有认真地注视着孩子的眼睛，与孩子进行交流了呢？有时候，是自己过于忙碌，顾不上看正在说话的孩子；有时候，是觉得孩子说的话太过离谱，所以根本不想理睬孩子……却从没考虑过，当孩子与我们说话时，我们看都不看他们，他们会产生怎样的感受呢？

⊙ 沟通误区

六年级的梓萌在学校遇到了一件不愉快的事情——她跟她最好的朋友吵了一架，两个人谁也不理谁了。

放学回到家，梓萌一改往日里"小话痨"的本性，默默回到自己的房间写作业。妈妈见状，一边在厨房里忙碌，一边忍不住调侃道："咦，今天我们的萌萌大小姐怎么这么勤奋，一回家就写作业了？"因为往常的梓萌回了家，总要先到厨房里转一圈，看看妈妈做了什么好吃的。

"没什么，就是心情不好。"梓萌没精打采地说道。

"谁惹我们梓萌不高兴了呀？"妈妈一边切菜一边问，其实她对小孩子之间的争执并不感兴趣，只是认为应该象征性地表达一下关心之情。

"是彬彬！她跟我是最好的朋友，但是在关键时刻一点儿也不支持我……"梓萌正说着，妈妈忽然发出"哎呀"一声，原来妈妈还有快递在提取点，她忘记取了，于是连忙说道："宝贝，你先别写作业了，快去帮妈妈取下快递，还有半个小时提取点就下班了。妈妈这儿炖着汤，出不去。"

梓萌明明很想跟妈妈诉说一下心里的郁闷，但是看到妈妈一副毫不在意的样子，瞬间失去了诉说的欲望。等到饭桌上妈妈再提起这件事时，梓萌只是低垂着眼睛，说："没什么。"于是妈妈只关注着梓萌有没有多吃青菜，完全没有看到孩子眼中的失落之情。

◎ 现场指导

我们回想一下养育孩子的过程：

在孩子很小的时候，他们天真可爱，总让我们有一种看不够的感觉，不管是孩子的一举一动，还是一颦一笑，都能吸引我们的目光。

随着孩子年龄的增长，他们越来越顽皮，满脑子稀奇古怪的想法，嘴巴也时刻说个不停，我们常常被他们吵得头疼不已，或许就是从这个时候开始，我们希望孩子的嘴巴能闭一闭，最好不要总是"妈妈，妈妈""爸爸，爸爸"地叫个不停。

所以，在面对孩子兴致勃勃的语言交流时，我们常常选择敷衍的回应方式——他们说他们的话，我们做我们的事。至于孩子说话时脸上流露出什么样的表情，眼中是什么样的神色，我们完全不在乎。这样的沟通方式，怎么能让我们完全理解孩子呢？

或许，在每天忙碌不停的父母眼中，孩子身上发生的事情，简单又不值一提，因此常常对孩子的话题表现出不感兴趣的样子，让孩子自顾自地往下说，自己却该干什么就干什么，全程都没有眼神交流。

实际上，对于孩子而言，无论他们的话题多么微不足道，他们都希望能够引起父母足够的重视，父母若是表现出很感兴趣的样子，他们就会感到十分兴奋；反之，如果父母看都不看他们，他们就会感到十分失望。这不仅仅会令父母错过与孩子沟通的良好时机，还会让孩子养成对什么事都漠不关心的毛病。

父母的注视，能够令孩子感到父母对自己的重视，当父母表现出对孩子足够的重视时，孩子才能觉得自己的话很重要，才会愿意与父母进行沟通，说出自己的心里话。

◎ 典型事例

14岁的小豪放学后一进门，就回到了自己的房间，"嘭"地一甩手关上了门。妈妈被这"惊天"的动静吓得浑身一哆嗦，感觉到事情不简单，于是立刻放下手中的活，轻手轻脚地来到了小豪房门外，此时小豪可能正在跟同学通话，只听小豪喊道："这个李老师就是故意让我出丑！"

妈妈听到这里，轻轻地敲了敲门，听到小豪说"进"后，妈妈才打开门走了进去。看见小豪双眼还冒着熊熊怒火，妈妈立刻换上了一张笑脸，说道："什么事呀，怎么发这么大脾气？差点把咱家门给摔坏了。"说完，妈妈还看了看门。

小豪看到妈妈那副紧张的样子，觉得妈妈太"财迷"了，不禁有些想笑。

妈妈看到小豪眼中的怒火好像熄灭了不少，趁机说道："你都是大孩子了，要学会控制自己的情绪，动不动就发脾气，可不像是个男子汉的所作所为呀！"

听了妈妈的话，小豪也意识到了自己的问题，委屈地解释道："明明就是李老师没有安排好时间，害得我没有把演讲稿写完，她还挺有理，冲着我发火……"

"嗯，被人冤枉的滋味确实不好受。不过，你跟老师解释过具体原因吗？"妈妈问道。

"我被气得就差跳脚了，根本没心情解释。"小豪依旧有些气鼓鼓的。

"那回头妈妈帮你发个信息跟老师解释一下，然后让她跟你道歉？"妈妈看着小豪的眼睛问。

小豪听了妈妈的话，进行了一番思考，眼中的怒火也渐渐消失了，换上了一副释然的表情，说道："算了吧，我堂堂男子汉让一个女的出面解决问题，那我岂不是太丢人了？我自己去找老师解释，道不道歉的无所谓，还我个清白就行。"

说到后面，小豪已经掩饰不住眼中的笑意了。妈妈这才放下心来，拍了拍小豪的肩膀后，出去继续做饭了。

▶ 沟通笔记

孩子的情绪往往都是先从眼睛里流露出来，如果在沟通过程中父母不注重这一点，很可能就此错过最重要的信息。同理，当父母不能在感受上与孩子相通时，亲子之间就不能建立起牢不可破的亲密关系。

亲子沟通时，父母注视着孩子，及时回应孩子，能够表现出父母对孩子的重视。而孩子跟真正关心理解他们的人倾诉心声之后，会感到轻松，即使不能立即解决问题，他们也不会觉得问题严重到不可救药。

时刻告诫自己，要让孩子把话说完

在与孩子沟通的过程中，父母都或多或少地犯过这样的错误：因为觉得孩子年纪小不懂事，还轮不到他们说话，所以在孩子表达自己的意见时，会粗暴地打断孩子，轻则训斥，重则打骂，孩子只能将到了嘴边的话咽回去。孩子究竟想说什么？他们想要表达的内容真的如父母所想的那样微不足道吗？无论如何，父母都要先学会自控，让孩子把话说完。

⊙ 沟通误区

刚刚上初一的思婷，面临着一个不大不小的问题：因为搬家，上了初中后，思婷与小学的同学都分开了，在新的班级里，思婷孑然一身，独来独往。

可能是看思婷没有什么朋友，班里一个男生总是有意无意地欺负思婷。一次，这个男生故意拿着思婷的书包不给她，思婷情急之下，拿起手中的水杯就冲男生打了过去，不锈钢的水杯正好打在男生的脸颊上，一下子就把脸打肿了。男生正准备还手之际，班主任来了，将他俩一起叫到了办公室进行批评。过后又叫来了两个孩子的家长。男生的家长一看到自己孩子受伤了，也不问缘由就对思婷一顿指责，说她一个女孩子却一点儿教养也没有。这时，思婷妈妈问思婷："为什么打架呀？"

思婷回答："他拿我书包不给我，我……"

"你怎么这么不听话？不是让你别惹是生非吗？拿你书包你要回来就好了，为什么要打人呢？你这孩子，真是越大越不听话了。"思婷的话还没有说完，妈妈就打断了她的话。因为在妈妈看来，思婷平日里脾气就有些大，在家里总是欺负弟弟，所以这一次也一定是思婷的做法有问题，于是连连向男生的家长道歉。

思婷对妈妈的行为感到十分失望，回家后便将自己锁进了房间里，无论妈妈在外面怎么敲门，思婷都不愿意开门，也不愿意再多做解释了。

◎ 现场指导

在面对孩子的问题时，父母时常过于主观，不考虑孩子的想法和需要，也不会静下心来倾听孩子的真实想法，有时甚至不等孩子把话说完，就打断了孩子的话语。

父母总是打断孩子的话，实际上表现出来的是父母对孩子不够尊重。孩子虽然还不够成熟，甚至他们的很多想法听起来很幼稚，但是他们认为自己已经长大了，希望自己能尽情地表达内心的感受，诉说自己真实的想法。

如果孩子说的话得不到父母的重视，久而久之，孩子的自我表达能力就会逐渐降低，与父母之间的沟通出现障碍不说，还很容易出现社交障碍，进而产生自卑情绪，这对于孩子的成长是有百害而无一利的。

作为父母，在孩子表达自己的想法时，不要总是试图中途打断，如果孩子说得有理，应该多加赞赏；说得不合理，可以适时引导，解开他们心中的疑惑。只有这样，孩子才能勇敢地表达自己的想法。

意大利著名教育家蒙台梭利说过："对成人而言，儿童的心灵是一个难解之谜。我们应该努力地探寻隐藏在儿童背后的那种可理解的原因。没有某个原因、某个动机，他就不会做任何事情。"因此，父母在与孩子沟通时，要时时刻刻地提醒自己："让孩子把话说完！"

⊘ 典型事例

上了初中后，从前爱说爱笑的小美忽然变得沉默了许多，不再像以前那样围着爸爸妈妈叽叽喳喳地说个不停。

这天，小美一回到家就把自己关进了房间里，妈妈跟她说话，她也不搭理，这不禁让妈妈有些担心。晚饭时，妈妈试着跟小美沟通，问道："小美，最近是不是有什么烦心事呀？看你总是一副闷闷不乐的样子。"小美只是低垂着眼睛说："没有，挺好的。"可小美越是这样，妈妈越是觉得小美有问题，便进一步引导说："你要有什么不开心的事情，可以跟妈妈说，妈妈也许帮不了你什么，但是可以做你忠实的听众。"小美听妈妈这样说，想了想后，开口说道："妈妈，我想买一双新的运动鞋……"

"爸爸不是刚给你买了一双新的运动鞋吗？"妈妈不解地问道。

"我们班婷婷新买了一双名牌运动鞋，我想要一双她那样的。"小美低声提出自己的请求。

不等妈妈回复，爸爸听到谈话，突然情绪激动，不断地质问："小美，你是嫌爸爸买的鞋不是名牌？你什么时候变得这么爱慕虚荣，要去跟同学攀比了？"

　　小美看爸爸态度如此激动，涨红了脸，只低低说了一句："那我不要了。"说完，便起身回到房间，悄悄抹眼泪。

　　妈妈见状，立即制止了爸爸，自己走向小美的房间，示意爸爸由自己来继续沟通，听听孩子的真实想法。

　　妈妈耐心询问小美为什么喜欢婷婷那双名牌运动鞋，小美在妈妈的诱导下终于说出了真实原因。

　　原来，学校马上要举办运动会了，班里利用体育课时间在选拔代表班级参加运动会的选手，小美本来很擅长短跑，但因为爸爸新买的运动鞋鞋底偏硬偏滑，影响了她的成绩，而婷婷的运动鞋鞋底有防震设计富有弹性，发挥得非常好。小美不想因为鞋子失去机会。

妈妈这才发现，爸爸没有耐心倾听孩子的真实想法，误会孩子了。

⊙ 沟通笔记

孩子的心灵是纯洁而真诚的，是没有任何掩饰的，当他们在表达奇怪的甚至是令人气恼的想法时，父母千万要沉住气，不要打断他们，让他们把话说完。或许，孩子的真实想法并不是我们所想象的那样。即便孩子真的出言不当，与其呵斥、打骂孩子，不如耐心地听孩子解释一下，让他们把自己的真实想法说出来，这不仅能锻炼孩子的语言表达能力，也是父母充分信任孩子的表现。

边听边思考，听懂孩子的弦外之音

父母认为，孩子的思想行为都是单纯的，所以说话都是直来直去，有一说一，有二说二。但实际上，从很小的时候，孩子就已经学会"拐着弯儿"说话了。

可以说，每一个心理发育正常的孩子，其行为背后都有一定的目的性，很多在父母看来是"傻话"，其实都是因为父母没有细心地观察分析，因此无法听懂孩子的言外之意。

❯ 沟通误区

　　豆豆期中考试考了全班第二名，同桌乔乔考了第五名。但是豆豆和乔乔的心情却截然不同：豆豆一脸愁容，因为她的年级排名没有进前十名，回到家爸爸妈妈一定会说她；而乔乔则是一脸高兴，因为爸爸妈妈说过，只要她成绩进入班级前十名，就会给她奖励，而这一次她考了前五名，爸爸妈妈一定会表扬她的。

　　豆豆很羡慕乔乔，倒不是因为乔乔有奖励，而是因为豆豆也想得到爸爸妈妈的表扬。

　　回到家后，妈妈问起了豆豆的考试成绩。豆豆说："这次我们班整体成绩不太好，我在我们班排第二，但是年级只排十五。"

　　其实豆豆认为，自己这个成绩已经很不错了，毕竟全班成绩都很不理想，她还能闯进前十名，比班里第三名整整高出10分呢。她很想炫耀一下自己的成绩，让爸爸妈妈来夸奖她一番，可是一直以来爸爸妈妈都教育她要谦虚，所以想要炫耀的语言到了嘴边，又被豆豆咽进了肚子里。

　　妈妈听了只是说："那你还得努力呀，中考的时候还是要看全年级排名的，光在班里排名靠前不管用。"

　　爸爸又跟着说："考了前三名也别骄傲，骄傲使人落后，谦虚才能使人进步，下次咱们争取考第一名。"

　　听了爸爸妈妈的话，豆豆眼中的神采顿时暗淡了下去，但随即她又想到了什么，于是接着说道："我们班的乔乔说，她每次考好了，爸爸妈妈都会给她一个奖励，这次她考了第五名，她妈妈说只要进了前十名，就带她去游乐场玩……"

"豆豆，咱们不能跟别人比。每个家长都有教育子女的方式，爸爸妈妈的教育方式就是不会用奖励去激励你学习，因为学习是你自己的事情，需要你自己努力才行。"豆豆的话还没说完，爸爸就板起脸来，对豆豆进行了一番说教。

"我……没有想要跟别人比。"豆豆说着，声音越来越小，越来越低。她心里想：难道让爸爸妈妈夸自己一句就那么难吗？

＞ 现场指导

表面上看，豆豆好像在羡慕乔乔能去游乐场，但实际上，豆豆只是想告诉父母，别人家的小孩考好了，爸爸妈妈都会很高兴、会夸奖他，她也想要得到父母的肯定。

要想做称职的父母，首先要善于倾听，其次要善于思考，只有这样，才能听出孩子的话外之音。

有一个法国小女孩这样说："我是你的孩子，所以你要理解我所说的话。请不要笑，这不是让你笑的，而是让你听懂的，否则我不原谅你。"这个小女孩就是在告诉父母，在与孩子沟通时，要善于倾听他们的弦外之音，这样才能明白他们的真实意图。

尤其是青少年时期的孩子们，比起直接表达内心的感受，他们更喜欢用"隐讳"的方式来表达自我，如果父母与孩子之间有足够的默契，能够听出孩子的弦外之音，对亲子之间的沟通，就能起到锦上添花的作用。

⊙ 典型事例

辰轩上了初中以后，妈妈为了培养他的独立能力，将以前每天给零花钱的方式变成了每个月给零花钱，希望辰轩能够学会自己规划零花钱，合理使用零花钱，并且说，一旦零花钱用完了，那么就只能等到下个月才能重新拥有零花钱。

辰轩对妈妈的提议表示赞同，表示妈妈早该这样做了，并向妈妈承诺，一年下来自己一定会攒出一笔"巨款"。妈妈则笑着说："只要你别不够花再跟我要就行。"不过，这话说完妈妈就忘记了，辰轩也一直没有开口向妈妈额外要过钱。

这天放学回来，辰轩一进门就对妈妈说："妈妈，明天我和朋友约好一起去植物园玩，中午我们可能要在外面吃饭。"

"好啊，去吧，注意安全，早点儿回家。"妈妈听了，就很爽快地答应了下来，但是辰轩却没有离开的意思，依旧站在妈妈身边。妈妈抬头看了辰轩一眼，辰轩一副欲言又止的样子。

这孩子，还想要说什么呢？妈妈心里不禁思忖着，于是仔细回忆了一下辰轩前面说的话，忽然意识到，孩子说了中午要在外面吃饭，那零花钱会不会不够用呢？

于是妈妈连忙问道："你的零花钱够不够？妈妈再给你一点儿吧。"

辰轩听到妈妈这样说后，明显松了一口气，回答道："确实还差一点儿。"

妈妈听了有些哭笑不得，说："那你刚刚怎么不直接说呢？"

"我之前信誓旦旦地说要攒钱，这不……没攒下来嘛，说出来怕你笑话我。"辰轩摸着脑袋，不好意思地说道。

◎ 沟通笔记

孩子懂得用"隐讳"的方式表达自己内心的想法，是他们的心智得到进一步发展的表现。对此，父母应该感到高兴，并认真思考孩子的弦外之音，以及孩子为什么不愿意直接表达的原因，是不是平时的管教太过于严厉，导致孩子不敢直接提出？或者是家里言论不够自由，所以孩子认为说了也白说呢？

因此，在与孩子沟通时，父母光会听是不行的，还要会思考。父母只有做到边听边思考，才能听出孩子的真正想法。

与孩子沟通时，你的表情会出卖你的心

在亲子沟通中，父母通常会认为语言最重要，其实不然。在信息的表达中，语调的重要性为7%，声音表达的重要性为38%，剩下的55%是表情。

表情在沟通中的重要性，在孩子还在婴儿时期就已经显现出来了。当一个笑容可掬的小姐姐接近小婴儿时，小婴儿就会十分放松，甚至会十分高兴；而当一个严肃的大叔出现在小婴儿面前时，婴儿通常会被吓哭。表情在沟通之中如此重要，那么在日常和孩子的沟通中，父母注意过自己的表情吗？

⊙ 沟通误区

五一放假的时候，爸爸妈妈带着晨晨出去玩。对于孩子而言，只要能出去玩，就是一件令人开心的事情，所以一上路，晨晨的嘴就"叭叭"地说个不停。爸爸在专心致志地开车，妈妈则趁着这难得的闲暇时光看起了手机，时不时对晨晨的话做出一些回应。

"妈妈，我给你讲个恐怖的故事吧，那天我同学给我讲的，差点吓得我尿了裤子。"晨晨结束了一个话题后，提出了讲故事的建议。

　　"好啊。"妈妈头也不抬地答应了下来。

　　得到妈妈的允许后，晨晨便兴致勃勃地讲了起来。可是讲着讲着，晨晨就没有声音了，等妈妈反应过来时，看见晨晨正趴在车窗上看风景。妈妈忍不住问道："你不是说讲故事吗？怎么讲到一半又不讲了呢？"

　　"没意思，不想讲了，你根本就不害怕。"晨晨没精打采地说道。

　　妈妈觉得自己一直在看手机，有些对不起晨晨，于是想安慰晨晨，便说道："妈妈害怕呀，你继续讲吧。"

　　"你骗人，你根本不害怕，我不想讲了。"说完，晨晨扭过头去，继续看风景去了。

妈妈到底害怕不害怕，不是嘴巴上说说而已，孩子更相信自己眼睛看到的一切，孩子没从妈妈的表情上看到害怕的样子，又怎么会相信妈妈所说的"害怕"呢？

有句歌词是"你的眼睛背叛了你的心"，在沟通的过程中，表情也会背叛你，将你心中没有说出来的话，全然展示在孩子面前。父母觉得自己一句过分的话都没说，孩子为什么会闷闷不乐呢？实际上，孩子已经从你的表情中读到了他们想知道的一切信息——你对孩子产生的失望、无奈，你内心的愤怒和不满……因此，有时候父母不必说出"我对你太失望了"这样的话，只需要给孩子一个嫌弃和轻视的表情，就可以让孩子很受挫。

父母可能不知道，当你露出发愁和无奈的表情时，孩子通常会感到很迷茫；当你露出失望不满的表情时，孩子就会感到很自卑；当你露出愤怒或生气的表情时，孩子就会产生自我怀疑，同时感到十分压抑；尤其当你露出带有歧视和侮辱成分的表情时，孩子就会自我贬低，甚至产生自暴自弃的想法……

拿日常的微信沟通来说吧，一句"你现在在哪儿呢"，在收到信息的人看来，可能因为自己回家晚了，认为这句话带有责备的语气；而如果在这句话后面加上一个笑呵呵的表情，表达的意思则变成了"好奇和关心"。同样是一句话，加不加表情会引起完全不同的效果。

可见，表情在亲子沟通中的威力不可谓不大。很多时候，我们可以管住自己的嘴，却无法控制住表情，表情往往会在第一时间将我们内心最真实的想法表露出来。正所谓相由心生，父母的负面情绪即便伪装得再好，也无法欺骗早已经对我们"了如指掌"的孩子。

那么，你知道孩子最喜欢父母露出什么样的表情吗？答案只有一个，那就是微笑。只要是父母发自内心的微笑，孩子就能够从中感受到父母对他们的爱，就能够产生足够的安全感，就能够从中找到快乐和自信。

⊙ 典型事例

中考来临，林林报考了市内一所私立中学。这所中学除了笔试以外，还有面试，只有笔试、面试都通过了，才能顺利入学。

林林的笔试成绩过了以后，就进入了面试环节。在面试的当天，妈妈陪着林林一起走进了考场。老师让林林用英语做一段自我介绍，略微有些紧张的林林，在介绍时说错了一个单词。坐在一旁的妈妈听到了，心里很着急，但是她害怕自己一旦流露出担心的样子，孩子会更紧张，于是嘴角立刻扬起一个微笑，用没有任何波澜的眼神看着林林。

原本有些慌神的林林试探着看向了妈妈，他很怕妈妈会因此责备他，结果却看到了妈妈鼓励的眼神，林林立刻冷静下来，他重新整理了思绪，顺利地完成了面试。结果，林林的面试成绩虽然不是很理想，但是也成功通过了面试。

回到家后，全家人都恭喜林林考上了理想的中学。爷爷问他：

"乖孙子，面试的时候紧张了吗？"

林林看了一眼妈妈，点了点头说："紧张了，还不小心说错了一个单词，我本来以为我要完了，可当我看到妈妈对我笑时，我立刻就不紧张了，后面就完成得很好。"

说完，林林又看向妈妈，虽然林林没有说话，但是妈妈从林林的表情中读出了孩子对自己的感谢之情。

⊙ 沟通笔记

父母想在沟通中做好表情管理，首先要修炼心性，提高自己的修养。从内心深处爱孩子、相信孩子的父母，不会对孩子产生失望的心理，也不会对孩子露出失望、愤怒的表情。修养好的父母，所说的话不会伤害到孩子，更不会在孩子表现不够好时，对孩子露出蔑视与歧视的表情。

孩子不愿沟通时，一封信可抵千言万语

在与孩子沟通时，父母经常会遇到这样的难题：自己有一肚子话想要跟孩子说，但是又不知道该从哪里说起，尤其是一些比较敏感的问题，更是不知道该如何跟孩子说。因此，父母在大部分情况下就选择了沉默，时常与孩子四目相对却不知道该聊些什么；要么就是还没聊上几句，就因为观念不合、看法不同而争吵起来，让沟通陷入僵局。

> 沟通误区

　　小时候，娜娜和妈妈就像是无话不谈的好朋友，无论娜娜有什么事情，都愿意跟妈妈一起分享。可是随着年龄的增长，娜娜和妈妈之间的话越来越少了。有时候，妈妈忍不住多说了几句，娜娜就觉得妈妈很唠叨。

　　上了初中以后，因为学校离家较远，娜娜选择了住校，一个星期才回家一次。周末，母女俩难得坐在一起吃饭。娜娜对妈妈说："妈，一会儿你可以给我50块钱吗？吃完饭我和同学出去买点东西，晚饭我们约好在外面吃。"

妈妈听了，忍不住打听道："几个同学呀？是男生还是女生呀？你们打算去哪里逛逛？"

娜娜一听妈妈有这么多问题，有些不耐烦地说道："三个，全是女生，就在大街上逛逛。"

听到娜娜说全是女生，妈妈才放下心来，但还是忍不住教育道："你不能一天到晚总想着玩，要把心思用在学习上，学习可不能三天打鱼两天晒网，得坚持才能学好……"

"你上班的时候就化妆，休息的时候脸都不洗，你这算不算三天打鱼两天晒网呀？"娜娜不等妈妈说完就反驳，然后放下碗筷起身回了房间。

妈妈怕再闹不愉快，就把钱放在门口，然后回了自己的房间。

＞ 现场指导

孩子一天天长大，他们的观念和看法也发生着翻天覆地的变化，从前他们认为父母的话就是真理，但是到了青少年时期，他们觉得除了父母的话其他的话都是真理。因此，亲子沟通就出现了一个恶性循环：父母想说，孩子不想听；孩子因为不想听，所以说得少；说得少，沟通就少，时间长了，彼此之间的代沟越来越大。长此以往，亲子之间的沟通就会出现难以弥补的裂痕。

但是很多话父母又不得不说，尤其是遇到比较敏感的问题时，如果直接给孩子指出，可能会伤害孩子的自尊心，但不说出来，又担心孩子一错再错。这个时候，通过文字来表达自己的心情不失为一种与孩子沟通、交流的好方法。

以书信的方式说出来的话显得更诚恳，尤其是对那些个性较强、当面很少夸奖孩子的父母来说，通过书信来抒发一下自己对孩子的真情实感，不仅仅是方便，更重要的是它可以打破亲子沟通的僵局，缓解亲子之间的矛盾。

同时，写信可以让父母与孩子之间以一种更平静、更理智的心情进行交流。因为不用你一言我一语地当面锣对面鼓地说清楚，在很大程度上避免了父母在沟通中出现情绪波动，可以静下心来将事情阐述清楚；而孩子则不用担心面对面聊天时父母时不时唠叨起来没完没了，从而使孩子更有耐心了解父母的真实想法。

> ● 典型事例

鑫淼是单亲家庭长大的孩子，在她上幼儿园时，妈妈就因为意外事故离开了她，爸爸一直独自照顾着鑫淼。

转眼间，鑫淼就上了初中，长成大姑娘了。除了身体上的变化，鑫淼的心理也出现了明显的变化，她不再像以前一样总是黏着爸爸撒娇了。最近爸爸发现，鑫淼总是在下晚自习回家的路上，与一名男生并肩前行。爸爸想像以前一样，跟鑫淼谈谈心，聊聊这个男孩，但是鑫淼总是一副不太愿意说的样子。

就在爸爸感到束手无策的时候，看到了一本书。这本书中记录了作者和儿子之间交流的信件。这让爸爸深受启发，并很快也给鑫淼写了一封信。

亲爱的女儿：

　　这是爸爸写给你的第一封信，很想知道你收到这封信时，脸上会挂着怎样的小表情。

　　最近两年你长大了，不再是整天跟着爸爸身后跑的"小尾巴"了。对此，爸爸感到很开心，同时也有一丝丝惆怅，因为有很多话，你都不愿意跟爸爸说了。爸爸愿意尊重你的选择，但爸爸有一些话想要跟你说。

　　这段时间，爸爸经常看到你和一个男孩子一起并肩回家，你们似乎很谈得来。起初爸爸的心情是无法平静的，但后来想到我的女儿如此优秀，如此漂亮，有人喜欢是一件很正常的事情，我应该感到骄傲才对。

　　那为什么爸爸的心里会不平静呢？我想了想，应该是因为爸爸怕你受到伤害吧。那个男孩和你一样，也是处于懵懂青涩的时期，这个世界你们了解得太少了，我希望你不要把他当作你的全部世界，并且懂得自爱。在面对别人的甜言蜜语时，你的心中也要有一杆秤，学着去衡量你在对方心里的重量。

　　同时，爸爸希望你还是要以学业为重，因为只有你足够优秀了，你才能吸引更加优秀的人。

　　最后，爸爸想告诉你，如果你想跟爸爸谈谈那个男孩，说说你的心里话，爸爸很愿意做你忠实的听众。

爱你的爸爸

亲爱的爸爸：

收到你的信，我感到很意外。我用了两天时间，好好整理了一下思路，所以回信有些晚了，你不要生气（笑脸）。

首先来解释一下你最关心的一件事，关于这件事，我想你是误会了。我确实每天晚上都会跟一个男生一起回家，一来因为我们顺路；二来因为我们都对宇宙的黑洞很感兴趣；三来嘛，就是我们有着相似的家庭，他的父亲也在他很小的时候就去世了。基于以上原因，我们成了无话不谈的好朋友。所以，我们现在没有谈恋爱，至于以后会不会谈恋爱，我还不知道。我想那应该是很久以后的事情了，如果我打算谈恋爱，我应该会提前跟你说，好让你有个心理准备。

至于我不爱跟你聊天的事，我仔细反思了一下，似乎是比小时候少了点。其实我也很想和你聊聊天，可是我们之间的共同话题太少了，我跟你探讨的问题，你不了解，我说东，你说西；你想跟我说的话，你还没有张嘴，我就知道你想说些什么了，自然就不想听了。

对了，爸爸，有件事情我一直想问你，你不考虑找个女朋友吗？

十分关心这个问题的女儿

> **沟通笔记**

书信自古以来就是人与人沟通的好方法。著名的教育学家傅雷一生写了很多书，但其中最广为人知的还是《傅雷家书》，里面收录了傅雷及其夫人写给孩子的信件，通过信件他们教育孩子先做人，后成家，被视为素质教育的经典范本。

　　不能说一封短短的家书就能够将孩子教育成才，但是不能否认的是，人们可以借助家书这个无声的载体，说出许多无法用言语表达的情感。

第二章

批评的方式对了，才能起到教育孩子的效果

有的家长认为，批评孩子就是责骂孩子，骂得越狠孩子越长记性。但事实是，严厉的责骂只会让孩子更加叛逆。

著名教育学家李玫瑾教授曾对1000名未成年人进行调查，结果显示：在家里经常被父母辱骂嘲讽的孩子，性格出现缺陷的概率大，25.7%以上会出现自卑、抑郁的情绪，22.1%以上会变得冷酷无情，56.5%以上会变得脾气暴躁。

对此，李玫瑾教授无比痛心地表示："毁掉孩子一生的杀手不是游戏，也不是贪玩，而是父母的语言暴力。"

孩子的成长，就是一个不断"试错"的过程。孩子只有知道自己哪里做错了，才能知道怎样才能做对。因此，孩子犯错并不可怕，父母用错批评方式才可怕。

孩子要面子，把批评的话语留到回家再说

古人有句话："人前教子，背后教妻。"说的是对孩子的教育可立即在人前进行，让他明白错在哪里，该怎样做；妻子如果有错，则应该在只有夫妻两个人的情况下指正，不要在别人面前指责，这样双方都有面子，不伤自尊。

难道只有成年人有面子要自尊，孩子就不需要吗？孩子同样需要，因此批评孩子的话语也要在家里说。

> ⊙ 沟通误区

子晨今年刚上初中，因为性格顽劣，很是让老师头疼。

这天，子晨因为一点儿鸡毛蒜皮的小事跟同学争吵了起来。那名同学气不过，伸手打了子晨一拳。子晨忍不住还了手。两个人很快扭打在了一起。老师将他们拉开后，分别叫来了他们的家长。

子晨爸爸到了学校后，二话不说就给了子晨一巴掌，吼道："我送你来念书，是让你学知识的，不是让你惹是生非的！"

老师见状，连忙上前阻拦，劝说道："有什么话好好跟孩子说，不要动手打人。"子晨见爸爸问都不问一下就动手打他，心里感到很委屈，正欲开口向爸爸解释，可刚叫了一声"爸"，就被爸

爸硬生生地打断了。

"别喊我'爸'，我丢不起这个人！我怎么就有你这么一个没出息的儿子，学习成绩一塌糊涂，打架骂人倒是能耐得很。"爸爸指着子晨，气愤地骂道。

而先动手的那名同学，他的父母从进来后就一直在跟老师了解情况，未骂过孩子一句。这样的对比令子晨心里更加委屈了，他觉得自己一秒钟都不想待在办公室里，不想再看见爸爸了。

⊙ 现场指导

在面对犯下错误的孩子时，很多父母会像子晨的爸爸一样，不分场合大喊大叫地批评孩子。不管是在路边当着众多路人，还是在家里当着众多客人，只要发现孩子做错了，就会马上做出激烈的反应，对孩子大加指责，更有甚者，当场打骂，并美其名曰"人前教子"。

古人"人前教子"的说法，并不是让父母当着众人的面打骂孩子，而是要跟孩子摆事实、讲道理，让他明白自己错在哪里，应该如何改正。如果只是一味的人前打骂，很容易伤害到孩子的自尊，还会引起孩子的逆反心理甚至敌对心理。

家长批评孩子，很多时候并不是孩子犯了不可饶恕的错误，而是家长只顾着自己出气，完全不顾及会对孩子的心灵产生怎样的影响。孩子的心灵是脆弱的，尤其是正处在少年期的孩子，他们内心渴望与成人地位平等。遇到一些自尊心强的孩子，父母当众责骂不但不能起到教育的作用，还会令孩子产生逆反心理，这不但不利于亲子关系的建立，还会严重影响孩子身心的健康成长。

　　法国思想家蒙田认为：棍棒下成长起来的孩子，心灵更为懦弱，更为固执。因此，面对犯错的孩子，正确的做法是在众人面前维护孩子的自尊，将批评的话语留到家里再说。

> ### 典型事例

　　丽丽今年上初中了，她发现班上的女生都十分在意自己的形象，平日里经常攀比穿着打扮，这让丽丽感到很自卑。因为丽丽的妈妈认为，女孩子不应该把心思花在打扮上，而应该安心学习；所以，不但不给丽丽买漂亮的衣服，还严格管控着她的零花钱。

为了能够在同学面前抬起头来，丽丽动起了歪心思。周六，丽丽独自来到了商场，看到一双漂亮的皮鞋后，她一边假装试鞋子，一边用眼睛盯着售货员，当售货员转身去货架上拿货时，她立刻向大门口走去。

　　可是丽丽还没有走到门口，就被追来的售货员抓住了。售货员看她只是个孩子，便叫来了丽丽的妈妈。丽丽的妈妈来到商场，得知丽丽偷了人家的鞋后，脸色立刻变了，就在丽丽以为自己必将遭受一场"暴风雨"时，妈妈却用异常平静的语气问她道："丽丽，你很喜欢这双鞋吗？"

　　丽丽迟疑地点了点头。

　　"喜欢也不能用这样的方式得到，你的行为会给他人造成损失，但损失更大的是你，你抹黑了自己的人格。这件事，你要先跟售货员阿姨道歉。"妈妈说。

　　丽丽连忙给售货员阿姨鞠了一个躬，说道："阿姨，对不起。"

　　售货员点了点头说："孩子，你还小，以后路长着呢，可不能再犯这样的错误了。"

　　丽丽听了，拼命地点头。之后，妈妈掏钱给丽丽买下了那双鞋。一路上，妈妈什么都没说，可是一进家门，妈妈就给了丽丽一巴掌。

　　妈妈说："从小到大，我只打过你这一巴掌，也希望你能记住这一巴掌。妈妈会反思自己的教育方式，但也希望你记住，作为一名学生，你最主要的任务是学习，而不是爱美和攀比，为了美和攀比去偷东西，就更加不应该。"

听了妈妈的话，丽丽哭了，不是因为妈妈那一巴掌有多疼，而是因为她真的感到悔恨。

> 沟通笔记

英国教育家洛克说过："父母不宣扬子女的过错，则子女对自己的名誉就愈看重，他们觉得自己是有名誉的人，因而更会小心地去维持别人对自己的好评；若是你当众宣布他们的过失，使其无地自容，他们便会失望，而制裁他们的工具也就没有了，他们觉得自己的名誉已经受了打击，则他们设法维持别人的好评的心思也就愈淡薄。"

父母能够在众人面前维护孩子的体面，既保护了孩子的自尊心，又能让孩子明白自己的错误并及时改正，同时还会让孩子变得更加自尊自爱，何乐而不为呢？

父母的贬低和否定，会让孩子停止爱自己

孩子犯了错，很多父母在批评孩子时，总是怕自己批评得不够严厉，因此极尽严厉地说教，甚至是全盘否定孩子，一定要将孩子批评得抬不起头来才肯罢休。

其实，"子不教，父之过"，孩子做错了事情，父母对孩子进行批评教育是为人父母的责任，但批评并不意味着一定要对孩子进行贬低或否定，这对亲子之间的沟通起不到任何有利的作用。

⊘ 沟通误区

周末，华华写完作业后，将几个好朋友叫到了家中，组团玩起了手机游戏，因为玩得太过专注，妈妈下班回家他们都没有注意到。

当妈妈打开门看到四个大男孩慵懒地坐在沙发上，嘴里还喊着打打杀杀的语言，又想起孩子这次退步的成绩，内心就涌起一股怒火，脸色也变得异常难看。孩子们见到华华的妈妈回来了，连忙结束了游戏，匆忙离开了。

妈妈看着依旧一副懒散模样的华华，生气地说："一天到晚不想点有用的事情，光想着打游戏，打游戏能让你考上重点中学吗？我看你除了打游戏行，其他干什么都不行。"

　　本来被妈妈抓住打游戏的华华心里还有一丝丝的内疚，但是听到妈妈这么说，他那根叛逆的神经瞬间敏感起来。他认为自己不过就是打了个游戏而已，为什么要否认他全部的努力呢？为什么他熬夜写作业背题的时候，妈妈偏偏看不到呢？

　　"既然我在你心里一无是处，你为什么还要生我呢？"内心憋屈的华华冲着妈妈喊出他憋了很久的一句话，既然妈妈这样看待他，那他今后也就没有了努力的理由。

⊘ 现场指导

　　父母想要贬低或否定孩子时，先扪心自问一下：孩子真的一无是处吗？或者他们真的有我们说的那般不堪吗？当然不是。每个孩子都有值得肯定的地方。

　　如果父母批评孩子的时候，习惯对孩子进行全盘否定，而对孩子的优点视而不见，那孩子内心就会觉得不公平，认为父母只看他的缺点，而不关注他的优点。这不但会伤害孩子的自尊心，还会引起他们对父母的反感，甚至产生"破罐破摔"的心理。

　　就如案例中的华华，孩子在学习之余玩会儿游戏，作为父母提醒一下孩子别耽误了学习就可以，但是妈妈偏偏要将孩子说得一无是处，这让本来还想要努力学习的孩子产生了放弃努力的念头。

　　有时候孩子犯错，可能仅仅是无心之过，也可能是经验不足，还可能是能力不够。父母在批评孩子错误的同时，也要善于发现孩子的优点，要用发展的眼光看孩子，这样才有利于孩子进步。批评的目的在于强化，与其强化孩子的弱点或全盘否定孩子，不如将孩子的点滴成绩看在眼里，记在心上，挂在嘴边，强化其好的一面，让孩子看到自己的潜力，提升自信心。

美国人际关系大师卡耐基曾经说过："当我们听到别人对我们的某些长处表示赞赏之后，再听到他的批评，心里往往会好受得多。"这对亲子沟通是个很好的启示。父母要让孩子知道，父母的眼睛并不是只盯着他们的错处，他们做得好的地方父母同样看得见。这样，即使被批评，孩子也比较容易接受。

▷ 典型事例

星晨最大的爱好就是打电子游戏，除了学习时间，他都在研究怎样能将游戏打得更好，并梦想着能够成为一名职业电竞选手。对于星晨的这个梦想，妈妈从来没有说过反对，但也从来没有说过赞成。

这天，星晨写完了学校里留的作业，就叫了几个好朋友一起来家里打游戏。大家正玩得热火朝天时，妈妈回来了。孩子们看到家长回来了，都有一些拘谨。星晨的妈妈第一次见四五个大男孩聚在一起打游戏，短暂地愣了一下后，很快恢复了平静，热情地招呼着星晨的朋友。

孩子们也很识趣，打完手中的这局游戏，就纷纷离开了。星晨看着有些乱糟糟的家，不好意思地跟妈妈说："妈妈，我作业都写完了，有人说想要出去玩，我觉得外面太热了，就把他们都叫到家里来玩了。"

妈妈知道星晨的梦想，也知道孩子平时学习挺努力的，但是作为长辈，妈妈总怕星晨沉迷游戏而耽误了学习，并且长时间看电子产品对眼睛也不好。可妈妈也知道，如果直接批评星晨，只会令他反感，更加叛逆。于是妈妈思量片刻，说道："以前我还真不知道我儿子的人缘还挺好的，看到你有这么多志同道合的朋友，妈妈还是挺欣慰的。"

听到妈妈夸自己，星晨不免有些得意起来，说道："那当然了，我在我们班成立了一个兴趣小组，我是组长，因为我打游戏打得最好。"

这话倒是让星晨妈妈十分意外，因为这充分证明了星晨的组织能力，于是由衷地赞叹了一句："我儿子还挺厉害呀！"赞叹完以后，妈妈话锋一转，说道，"妈妈知道你以后想当职业电竞选手，但是任何梦想都需要强大的知识作为支撑。妈妈希望你们在玩游戏之余，也能探讨探讨学习，一来休息眼睛，二来不管哪一方面都能共同进步，也能让你们的友谊更加长久。"

星晨觉得妈妈的话十分有道理，不住地点头称"是"，决心在学习上再加把劲。

⊙ 沟通笔记

父母在批评孩子时，要就事论事，不要把孩子说得一无是处，尤其是不要对孩子的人品、人格进行否定。父母对孩子要有一个全面的认识，孩子不小心犯了一个错，或一件事没有做好，不等于总犯错，什么事都做不好。

孩子就像一只没有倒满水的水杯，父母不能总是盯着杯子空的那一部分，也要将目光不时移到有水的那一部分上。要知道，父母的贬低或否定，不一定会让孩子停止爱我们，但很可能会让他们停止爱自己。

幽默，是批评的最高级形式

面对屡教不改的孩子，父母应该意识到，严厉的责骂已经起不到作用，这时候改变教育方式，说不定能起到不一样的效果。如果父母在批评孩子时，能够将唠叨、责骂变成智慧的语言和行为，孩子就可能容易接受批评了。

⊙ 沟通误区

亮亮的妈妈一个学期内被老师"请"了三次，每次都是因为亮亮上课爱说话。第一次妈妈还能心平气和地跟他说："下次注意，不要再犯了。"第二次妈妈就有些生气了，说："你怎么就不长记性呢？就不能管管你那张嘴？"第三次因为还是同样的问题，妈妈简直怒不可遏，整张脸乌云密布，黑得都能滴下墨汁来，刚一出老师办公室，妈妈对亮亮就是一顿劈头盖脸式的责骂："你真是屡教不改，我看找个医生把你的嘴缝上得了。全班就你能说是吧？那你去说相声得了，还上什么学呀？"

其实亮亮也知道自己的这个毛病，他也在努力改掉自己的毛病，可没有想到他每次忍不住说话都能被班主任逮到。所以当妈妈这样批评亮亮时，亮亮心里不满极了，忍不住顶嘴道："老师就是看我不顺眼，全班那么多同学说话他都不管，就抓着我不放。"

"你犯了错误，还有理了是吧？我是不是还要到老师面前给你申冤呀？"妈妈觉得亮亮简直太顽劣了，不但不承认错误，还胡搅蛮缠。

在批评孩子时，父母都会让自己看起来严肃一些，以为这样至少可以起到震慑孩子的效果。确实，父母严厉的批评会让孩子心生畏惧，但是教育的效果却不见得最佳。俗话说，"伤树不伤皮，伤人不伤心。"父母严厉的语言、严肃的面孔，让批评如同冰刀霜剑，不但会伤到孩子的自尊心、自信心，还容易引起孩子的逆反心理。

德国著名演讲家海茵兹·雷曼麦曾经说过："把一本正经的真理用幽默风趣的方式说出来，比直截了当地提出更能为人接受。"因此，与其板起脸来教训孩子，不如采用幽默的语言或方式和孩子进行沟通交流，这样不但利于保护孩子的自尊心，还能够让孩子意识到自己的错误。

不过，幽默的批评可不是一件简单的事情，在所有的批评方式里，幽默的批评算是难度系数最大的批评方式。

幽默的批评方式，要求父母拥有较高的文化修养和良好的心理素质。拥有较高文化修养的父母，往往拥有较高的生活情调和渊博的知识，这使得他们在批评孩子时，能够旁征博引，使用更加委婉的方式说出指责的话语；而良好的心理素质则能够使父母在孩子犯错以后，克制住冲动的情绪，学会用宽容的心态包容孩子的错误，能够站在孩子的角度去看待问题，理解孩子的不良行为，最终能够以平和幽默的语言与孩子交流。

在使用幽默的批评方式时，父母还要十分注意，真正的幽默是父母觉得有趣，孩子也觉得轻松的话语；而不是父母觉得有趣，但孩子却难以接受的话语，这样的话语不叫幽默，而是讽刺。

⊙ 典型事例

钩涵今年上六年级了，他机灵聪明，学习成绩也不错，但有一点却十分让老师头痛，那就是他总在课堂上乱说话，有时候是跟同学在下面悄悄说，有时候是接老师的话茬儿，有时候还会带着同学们起哄，导致课堂教学无法正常进行。

这天，钩涵又在课堂上打开了"话匣子"，任课老师提醒了多次都不见效后被气得扔下书本去找班主任"投诉"了。班主任也感到很头痛，这个孩子一直名列前茅，不打架不斗殴，跟同学们和睦相处，也很尊敬老师，但他总是不遵守课堂纪律。

班主任无奈之下，采用了"请家长"这一招。当着钩涵妈妈的面，老师将钩涵在学校的"顽迹"数落一番，妈妈被说得很不好意思，心里想着回了家一定好好教训一下钩涵。放学后，妈妈看着钩涵跟同学一起有说有笑地走出校门，七八个同学都围在他的身边，妈妈觉得，钩涵之所以有这么多朋友，每天都这么开心，都得益于他开朗的性格，可能性格太过于开朗使得他有些管不住自己的嘴。想到这里，妈妈的气消了一半，因此一路上也没有提及班主任对自己说的那些话。倒是钩涵有些忍不住了，问道："妈妈，老师叫你来，跟你说什么了？"

妈妈看着孩子略微紧张的样子，笑着说："老师夸你了，她夸你特别有毅力。"钩涵听得一头雾水，忙问："为什么夸我有毅力呀？"

"因为你能一直坚持上课说话，不管什么课，不管哪位老师，都阻挡不了你上课说话的热情，这还不叫有毅力吗？"妈妈一本正经地解释道。

聪明的钧涵当然听出了妈妈拐弯抹角的批评，支支吾吾为自己解释道："我就是没管住自己，老师讲得挺有意思，我就想跟同学们探讨一下。"

"哦——"妈妈拉长了声音，一副了然于心的样子，说，"那我下次见了你们老师，得好好解释一下，你说话是因为老师把课讲得有趣，是你对老师能力的一种肯定，所以，下次得鼓励你这种行为。"

"不，不，不，妈妈，我知道错了，我一定改，以后不在课堂上乱说话了。"钧涵听了妈妈的话，立刻求饶道。

妈妈虽然一句也没有批评钧涵，但是却让钧涵感觉自己像坐在了仙人掌上，他从心里觉得自己对不起老师，老师平时对他很好，他却没能让老师省心。

⊙ 沟通笔记

幽默，作为一种独特而富有魅力的语言艺术，在亲子沟通中是一种更为高超的沟通方式，如果父母能够用幽默的方式让孩子认识到自己的错误，孩子一旦领悟到了父母的良苦用心，就会主动去审视自己的错误并改正。

孩子最讨厌的批评方式——翻旧账

当孩子反复犯同一个错误时，作为父母往往难以控制心中的怒火，觉得孩子"屡教不改"，所以在批评孩子的时候，会忍不住"新账旧账"一起算。殊不知，自己在不经意间犯了批评孩子的大忌——翻旧账。

⊙ 沟通误区

小豪今年上五年级了，学习成绩还不错，就是生活习惯不太好，房间里总是乱糟糟的。小豪的妈妈是一个一丝不苟的人，她始终认为"一屋不扫何以扫天下"，也认为好习惯要从小培养，所以曾反复教育小豪，要求小豪每天早晨起来将自己的屋子收拾好。

这天，妈妈的一个朋友到小豪家做客。参观到小豪的房间时，只见小豪的房间乱成了一片，被子没有叠，书本摊开乱丢在桌上，椅子上放着睡衣……

在朋友面前，妈妈只是说了句："这男孩子呀，生活上就是有点邋遢。"可是等小豪回来后，妈妈的满腔怒火都喷发了出来。

"我不知道跟你说过多少遍了，每天早晨起来先收拾房间，可你一直都当作耳旁风。今天妈妈有多丢人你知道吗？全家都干净整洁，一打开你房间的门，就像进入了另一个世界。"

小豪自知理亏，小声地说："我下次一定打扫。"

"下次，下次，你都说了多少回下次了！上次被我发现没有打扫房间，你也说下次，结果呢？这次还不是一样没有打扫。我还怎么相信你的下次？"妈妈越说越气，声音也越来越大。

"那谁让你进我房间的？你不会别进吗？"小豪忽然大声冲着妈妈喊道，并冲回自己的房间，使劲儿把门关上了。

"你……你……做错事情，怎么还敢发脾气？"妈妈指着小豪紧闭的房门，气得手直哆嗦。

⊙ 现场指导

就事论事，不翻旧账，是批评孩子时必须把握的第一要诀。而小豪的妈妈在与孩子沟通时就犯了这个致命的错误——翻旧账。

在父母看来，翻旧账的目的是总结孩子过往的错误行为，引起孩子高度重视。但在孩子看来，就是另一层意思了，那就是父母只注意到了他的错处，揪着他犯过的错误不放手。

本来只是提醒孩子以后不要犯同样的错误，可父母却把孩子昨天，甚至前天的"旧账"都抖搂出来。这种"翻箱倒柜"式的过度批评，不仅不能使孩子改正错误，反而会让孩子心情沮丧。一次又一次地提起这些"旧账"，就好比把孩子的伤疤一次次地揭开，这样很容易让孩子觉得父母总不能原谅他的过去。

即便孩子曾经犯过类似的错误，那也是过去的事情了，已经批评过就该"翻篇"了，下一次再犯，那是下一次的事，不要跟上一次的事情扯到一起。一遍遍地提起，只会让孩子觉得自己只要犯了错，就永远无法翻身，既然这样，那改与不改又有什么区别呢？

也许孩子本来已经改正了，但被父母这么一"提醒"，说不定又会再犯。父母爱翻旧账，会导致孩子对父母"敬"而远之，一旦在外面犯了错，为避免以后又成为"旧账"，便会想方设法瞒着父母。原本只是犯错，但为了避免被"翻旧账"，又添上了说谎这一毛病。在批评孩子时，父母总是三番五次地重提"旧账"，不是在教育孩子，而是在伤害孩子。

犯错对于孩子的成长而言是必要的，没有不犯错就会长大的孩子。犯错是一种生活体验，它能告诉孩子什么事是不可以做的。因此，父母要大度一些，原谅孩子曾经的过错，不要动辄翻旧账。

这天，桐桐又没有收拾自己的房间。本来帮助孩子收拾一下房间并不是大事，但是桐桐妈妈觉得，孩子长大了，需要有自己的空间，妈妈不想做这个"闯入者"。因此，妈妈跟桐桐约定好，每天早晨起床后，桐桐要自己整理房间。

一开始，桐桐还坚持得不错，渐渐地，桐桐便有些放松自己了。针对这个情况，桐桐妈妈曾经批评过桐桐：一来做什么事情都要坚持不懈，不能坚持两三天就放弃了；二来作为小小男子汉，应该说到做到。

面对妈妈的批评，桐桐也认识到了自己的错误。可是这一次，桐桐又没有收拾自己的房间，这让妈妈有些生气，认为桐桐将自己的话当作了"耳旁风"。中午，桐桐放学回来后，妈妈板着脸指了指没有收拾的房间，说："能告诉我，今天为什么没有收拾房间吗？"桐桐连忙辩解道："妈妈，早晨我起晚了，怕迟到，所以没有整理房间，我现在去整理可以吗？"

妈妈听了桐桐的话，心里的气消了大半，说道："如果你愿意的话，以后起晚了可以跟妈妈说一声，妈妈帮你整理一下，但只能是偶尔。"

听了妈妈的话，桐桐原本还略显紧张的脸立刻放松了下来，说道："放心吧，妈妈，我以后不会给你'表现'的机会的。"

其实，就算父母不提，孩子自己也会记得犯过的类似错误。父母不提，就是把自尊留给了孩子，把自省的空间留给了孩子。如果确实需要对孩子的缺点和过失提出批评，父母也要尽量做到"只谈眼前，不翻旧账"。

借助沉默的力量，引导孩子自省

如果父母每次批评孩子时，都是一样的说辞，非但不能令孩子长记性，还会让孩子变得更加"放纵"，而且对今后的教育也起不到什么实质性的作用。适当地沉默，更能体现出父母的威严，父母要恰到好处地借助沉默的力量，引导孩子自省。

> 沟通误区

已经上六年级的涛涛十分爱玩，放学后经常一边走路一边玩，五六分钟的路程，他往往要走上十几分钟。有时候走着走着就偏离了回家的路线，拐到小区旁的公园去玩了，玩够了才回家。为此，妈妈没少批评涛涛，甚至还扬言，以后再不按时回家，就不给他开门，让他住在外面好了。一开始，涛涛心里还有些忌惮，被妈妈骂过之后的一段时间内，他都乖乖地按时回家。可是坚持不了几天，老毛病又犯了，回家的时间一天比一天晚。

这天，涛涛在回家的路上遇到了以前的小伙伴，在小伙伴的邀请下，涛涛直接去了小伙伴家玩耍。玩到了吃饭的时候，小伙伴邀请他留下吃饭，涛涛毫不客气地一口答应了下来，直到吃饱喝足了，才想起来该回家了。

不出涛涛所料，一进门，涛涛就被妈妈暴风雨式的责骂声覆盖了："你是不是忘了我上次怎么骂你的？……"话还没说完，涛涛就接上了下一句："你怎么一点儿记性也不长？下次再这样，你就不用回家了。"简直跟妈妈平时批评涛涛的话语一模一样，甚至连语气都一样，直接把妈妈说愣了。末了，涛涛还一副满不在乎的样子说道："妈，你每次骂我都是这几句话，我都能背下来了，你能不能说点新鲜的？"

妈妈被涛涛说得很无语，难道挨骂还想要听新鲜的话语吗？

或许孩子早就意识到了自身存在的问题，只是由于年龄的原因，他们的自制力有限，无法在短期内完全改掉身上的毛病。这时，父母一次次地敲打，日复一日地重复着同样的批评，只会让孩子的心里变得麻木，在面对他们再熟悉不过的话语时，就变得"厚脸皮"起来，不但不引以为戒，还会很快就忘记。

这时，父母该怎么和孩子沟通呢？

一位教育学家说过："教养孩子，运用沉默的方式，也能发挥很大的效果。孩子到了某个年龄段已经能分辨好事、坏事了，自己要是做错了事，也知道会受到大人责骂，这个时候如果真如自己所预料的那样受到责骂，反而使他心里放下了一块石头，同时他也许会忘记这次的过错。"

相反，父母越是沉默不语，孩子越是认为父母身上有一种不可侵犯的神秘的力量，不知道父母会对自己采取怎样的惩罚，也不知道父母在想些什么，只好自己胡乱地揣测父母的想法，这会使孩子更加忐忑不安。之后，孩子就会从自身出发，反省自己犯下的错误。

就如美国教育家塞勒·塞维若所说："犯错之后，每个人都会或多或少地有沮丧和后悔的心理。对于性格好强的孩子来说，与其喋喋不休地数落其错误，倒不如保持沉默，给他们认识错误的空间。"

从五年级起，子轩就独自一人上下学了。有一次，子轩在放学的路上碰到了一个好朋友，对方邀请子轩去他家玩，子轩觉得晚回家一会儿也没什么，便跟着去了，结果回家晚了一个多小时。这一个多小时里，妈妈到处找他，别提有多担心了，所以子轩被妈妈狠狠地骂了一顿。从那以后，子轩在很长一段时间内都准时到家，即便妈妈不在家，他也不敢晚回家。

这天在放学的路上，子轩目睹了一场车祸，一辆三轮车将一条流浪狗撞死了，很多同学围在一边看着，商量着怎么处理这场事故。后来有同学提议，将小狗掩埋起来，并给可怜的小狗立个墓碑。

热心肠的子轩当仁不让地参与了进去，帮着刨土、掩埋、找木板，等到忙完这一切，天都快黑了，大家一溜烟地赶紧往家跑。想到上次被妈妈批评的情形，子轩深呼吸了好几次，才鼓起勇气推开了家门。

但令子轩意外的是，妈妈一句话也没有说他，只是将热好了的饭菜端到了子轩面前，然后一言不发地回到了卧室。子轩一边吃饭，一边揣摩着妈妈的心理，最后得出的结论是：这一定是暴风雨来临之前的平静，因此一顿饭子轩吃得心里七上八下的。

吃完饭后，子轩便做好了挨骂的准备，可是他等了半天，作业都写完了，妈妈也没有理他，这一下，子轩的心里更慌了，他很害怕妈妈从此以后都不理他了，于是准备主动"投降"。

"妈妈，对不起，今天我又回来晚了。"子轩低着头在妈妈面前认错。

妈妈没有说话，只是静静地看着子轩。

"我在路上看到一辆车把小狗撞死了，我觉得小狗很可怜……"子轩将放学路上的事情一五一十地汇报给了妈妈。

妈妈听完后，虽然依旧对孩子不顾父母的担心在路上逗留很生气，但是很赞赏孩子富有爱心，所以妈妈只说了一句"下不为例"，给这件事情画上了句号。

子轩那颗悬着的心这才放了下来，他暗下决心，下次有事晚回家一定先说一声，这种提心吊胆的感受实在太煎熬了。

◎ 沟通笔记

父母用沉默来代替对孩子的直接批评和斥责，实际上是在对犯错的孩子进行无言的谴责。在父母沉默的这段时间里，孩子会拥有很强的自我感受和很大的思考空间，迫使他回想自己的所作所为，这样可以促进孩子更好地反省自己的错误并积极做出改正。

因此，父母若是发现孩子犯了错，但弄不清事实真相时，为了使孩子不隐瞒过错，及时纠正自己的错误行为，可以有意地选择沉默不语，让孩子在父母的沉默中感到压力和不安，自觉地把问题讲清楚，这样，既方便父母对症下药，因势利导，又可以帮助孩子认识并改正自己的错误。

只批评自家孩子，别表扬他人孩子

几乎每一个孩子都有一个看不见的"宿敌"——别人家的孩子。因为父母在批评自己家孩子的时候，总要拿别人家的孩子来表扬一番，这似乎已经成了一种定式。其实父母本没有恶意，只是希望自己的孩子能够将别人家的孩子作为"参照物"，改掉自身的不足之处。但是，父母这样做时却没有考虑过孩子在被比较时产生的感受。

◉ 沟通误区

琪琪今年上初二了，自从进入了青春期，她就变得不再那么活泼可爱，总是沉默寡言的。平日里，她就把自己关在屋子里学习。

这天，琪琪放学后碰到了邻居家的阿姨，阿姨很热情地问琪琪："琪琪，放学了呀？"琪琪没有吱声，只是点了点头。这一表现让跟在后面的妈妈十分不满，觉得琪琪越大越没有礼貌了。回到家后，妈妈对琪琪说："琪琪，阿姨跟你打招呼，你怎么都不说话呢？这样也太没有礼貌了。你看看陈阿姨家的孩子，跟你一样大，也是小女孩，人家那小嘴甜得就跟抹了蜜似的。这样的孩子才招人喜欢呀，像你这样半天都不吭一声的人，以后怎么在社会上立足呀？"

　　妈妈叽里呱啦地说了一大堆，丝毫没有注意到琪琪的脸色越来越难看。

　　见琪琪不说话，妈妈更加生气了，继续说道："你这孩子，妈妈跟你说话呢，你听见没有呀？"

　　"你就知道夸别人家的孩子。别人家的孩子那么好，你去给别人家孩子当妈妈好了。"琪琪反驳完就回到了自己的房间，重重地将门关上了。

　　妈妈站在原地，半天都没有回过神来，心里想：这个孩子，要么不说话，要么一说话就堵得人说不出话，这以后可怎么办呀？

《少年说》栏目有一期节目，一个小女孩在台上质问自己的妈妈："你能不能别总是拿我跟别人家的孩子比较？你自己的孩子也很努力，你为什么不看一眼？"她妈妈的回答是："我觉得你的性格需要被时常打击一下，否则你就会有点飘。"

很多成年人在看到这个小女孩时，仿佛看到了自己的小时候。可悲的是，那些从小被比较的孩子，在为人父母以后，依旧用同样的方式对待着自己的孩子。父母希望通过夸奖其他的孩子，激发起自己孩子的斗志，却没想到给孩子带来的打击远远超过能够给孩子带来的斗志。

换个立场想一下，如果孩子回家后总是有意无意地提起别人的父母如何好，自己的父母处处不如人时，身为父母的我们会怎么想呢？是自卑和气馁的感觉强烈一些，还是想要奋发图强的心强烈一些呢？相信一定是前者胜于后者。因此，总把别人的孩子和自己的孩子做比较，是父母在教育上最大的失败，也是最大的教育事故。

《性格与养育：致正在长大的父母》一书提到："其实人与人之间本没有优劣，只是不同而已。每个生命都是独特的，父母要把自己的孩子当成别人家孩子客观地看待，保持对孩子朴实的兴趣。"

每个孩子都是独一无二的，他们的性别不同，性格不同，成长环境也不同，因此想法和行为能力也会千差万别，即便同时做同一件事情，得到的结果也会不尽相同。如果父母总是将自己的孩子与别人的孩子比较，用别人的孩子的长处去对比自己的孩子的短处，只会无限放大自己的孩子的不足之处，导致他们渐渐对自己失去信心。

＞ 典型事例

欢欢的妈妈在暑假到来之际，给欢欢报了游泳课。在游泳课上，妈妈发现其他孩子都按照老师的指导，在水面上练习游泳的姿势，欢欢却总是一个人猫在水里。想到自己花着昂贵的学费送孩子来学习，而孩子却不听从老师的指导，欢欢的妈妈感到很生气，便批评欢欢道："别人都按照老师的指导练习，怎么就你不听老师的话呢？你这样什么时候能学会游泳呀？"

欢欢被妈妈训斥得不知所措，还好这时教练走过来了，说："您的女儿憋气很厉害，很有潜水的潜质呢！"

老师的话让欢欢的妈妈吃了一惊，她没有想到孩子在自己眼中的不足，在教练眼中反而成了长处。回到家后，欢欢的妈妈做了一个深刻的自我检讨，从前她只看到别人的孩子身上的优点，并以此来对比自己的孩子身上的不足，现在她明白了，自己的孩子身上也有其他孩子所不具备的优点。

后来，每当欢欢有些事情做得让妈妈不满意时，妈妈都会思量再三才开口，而且不再拿欢欢与其他孩子做比较，只会用欢欢从前的表现和现在的表现进行比较，或是用未来欢欢可能成为的样子和现在的样子进行比较。

妈妈发现，从前她批评欢欢、表扬别人孩子时，欢欢总是特别抵触，甚至产生逆反的心理；可是自从她停止了在欢欢面前夸其他孩子，只是单纯地批评欢欢时，欢欢反而变得好沟通了很多。

> **沟通笔记**

父母在批评孩子时，千万不要将自己的孩子与另一个孩子进行比较，也不要总是羡慕别人家的孩子如何听话、如何聪明，哪怕与自己的另一个孩子做比较也不可以。如果你希望自己的孩子越来越好，那么类似于"你妹妹比你懂事多了""人家怎么能考得那么好，你就不行呢，不是一样在听课吗……"这样批评的语言，就不要再出现在亲子沟通之中了。

第三章

激励是个"技术活"，可不是夸两句那么简单

　　许多父母在教育孩子时都主张"激励"教育，因为正确的激励，可以让孩子立刻信心百倍。但激励孩子是一个实实在在的"技术活"，可不是对孩子简单地说"你真棒""你真漂亮"，这样过于抽象的表扬不能起到最好的激励作用。

　　想要我们的激励不停留在"你真棒"这样肤浅的层面上，父母就要拥有一双善于发现孩子优点的眼睛，在平时的生活中要多注意孩子的一举一动，不放过孩子身上任何一个小小的闪光点，因为这些小小的闪光点，或许就是孩子日后持续发力的生长点。

学习不是交易，真正的激励不需要"行贿"

孩子天性爱玩，对于学习通常都缺乏自觉性。因此，父母为了激励孩子学习，可以说是无所不用其极，其中"行贿式"激励，被使用得较为广泛。所谓"行贿式"激励，就是指父母在激励孩子学习时，会附带着奖励，而且往往是物质与金钱方面的奖励。这是一种非常要不得的做法，这种做法往往让家庭教育变成交易，不但透支孩子的学习热情，还会影响孩子的学习观念。

▶ 沟通误区

"妈，我朋友新买了一个双肩背包，可好看了，我也想要一个。"吃饭的时候，晓璐对妈妈说道。

"多少钱呀？"妈妈习惯性地问道。

"50块钱，我觉得不太贵。"晓璐笑嘻嘻地说。

"嗯，是不太贵。"妈妈说着就想要答应下来，但是想到马上就要考钢琴五级了，于是到嘴边的话就变成了，"可以给你买，但是你得过了钢琴五级才行。我看你最近都不好好练琴。"

说完，妈妈心里暗暗得意，觉得自己太机智了，这一招"行贿式的奖励"简直是一举两得，既满足了女儿的要求，又起到了激励女儿练琴的目的。

　　听了妈妈的话，晓璐一口答应下来，为了能够背上心爱的新书包，大不了就是多练练琴呗。于是吃完饭，晓璐就坐到了钢琴旁，认真地练了起来。其实晓璐很有音乐天分，老师说，只要她多加练习，过五级没问题。

　　果然，晓璐顺利地通过了钢琴五级的考试，成绩出来的第一时间，晓璐就拉着妈妈上街买书包去了。背上新书包的晓璐心里美滋滋的，妈妈也觉得是自己的激励起到了作用，母女俩都觉得自己"赚"到了。

　　钢琴考级过后没多久，市里要举办一场钢琴比赛。妈妈觉得这是一个锻炼的机会，想让晓璐报名参加。晓璐却问妈妈："妈妈，要是我拿奖了，你给我什么奖励呢？"

"如果你比赛得了奖，会赢得一个奖杯，这还不够吗？还要让妈妈给你什么奖励呀？"妈妈有些吃惊地问道。

"哼，没有奖励我才不去呢！还得天天练琴，奖杯又不是我想要的。"说完，晓璐转过头去，不再理妈妈了。

＞ 现场指导

很多父母习惯在激励孩子时加上"奖励"，认为这样可以激发孩子努力的动力，而且奖励越大，孩子的动力就越强。

比如，对孩子说，"你好好写作业，写完作业就可以看 30 分钟动画片"；再如，对孩子说，"你这次要是能考 100 分，就奖励你 100 块钱"。

孩子听到这些"奖励"，自然是两眼冒光地去努力了，但是他们是为了自己努力吗？不一定。大多数孩子在受到"行贿式"的激励时，都认为自己是在为父母努力，而奖励就是他们努力的"报酬"。父母频繁地用"奖励"与孩子做交易，只会让孩子觉得学习不是自己分内的事情。

采用"行贿式"激励，起初可以看到孩子明显的进步，但是随着奖励次数的增多，孩子就会形成习惯，只有有奖励才愿意努力。而孩子的"胃口"也会一次比一次大，起初也许只是想要一个玩具枪，后来变成了游戏机，再后来可能就变成了电脑、手机。父母若是停止奖励，孩子就会陷入"不愿努力"的境地；父母若是继续满足，那么早晚有一天孩子会对这些物质奖励渐渐失去兴趣。那个时候，无论家长提出什么"奖励"条件，孩子都不再拥有学习的热情了。

"行贿式"的激励方式看似给了孩子一定的激励，却在孩子未来的成长中埋下了一颗炸弹。当家长对孩子说"你好好写完作业，就可以看 30 分钟电视"时，孩子会觉得，看电视是一件快乐的事情，而学习是一件痛苦的事情。就这样，孩子对待学习的热情，在一场场的"交易"中被消磨殆尽。

其实，对于孩子而言，他们更需要的是来自父母精神上的奖励，也就是父母的爱。可以说，父母的爱是对孩子最好的激励。在孩子取得好成绩时，父母的爱可以是全家一起出动的郊游，也可能是一场孩子期待已久的电影，或者是孩子最爱吃的小菜，甚至也许只是一个温暖的拥抱……

⊙ 典型事例

小橘的爸爸妈妈在城市里靠摆早点摊为生，生活艰难不易，他们最大的愿望就是小橘能够好好学习，考上一所好大学，靠知识改变自己的命运，不用像他们一样艰难地生活。

上初中时，小橘从农村来到城市上学。面对城市的一切，小橘感到十分新奇，这里有她从来没有见过的图书馆、从来没有进过的电影院，还有数不清的好吃的、好玩的。

妈妈对小橘说："宝贝，你一定要好好学习，这样就能留在城市里生活，住上大房子，开上好车子。"

小橘喜欢热闹的城市，听了妈妈的话后不住地点头。"妈妈，我一定好好学习，长大以后挣大钱，然后带你和爸爸去那里看电影。"小橘指着早点摊前方的电影院说道。

"好，爸爸妈妈等着。"妈妈欣慰地说着，同时把小橘这个小小的愿望记在了心底。

因为曾经的教育有些落后，导致小橘在城里的学校学习感觉有些吃力，但是她只要想起妈妈说的话，内心就会充满力量。在她的脑子里，每天除了英语单词，就是数学练习题。经过一个学期的努力，到了期末，小橘已经从班级排名中等，冲进了班级前十名。

看到小橘的成绩，爸爸妈妈由衷地高兴。想到小橘那个看电影的愿望，妈妈咬咬牙买了三张电影票，一家三口走进了电影院。在电影院里，妈妈告诉小橘："妈妈想让你知道，只要你努力，你想要的一切都能够靠你的双手得到。"

⊙ 沟通笔记

爱是不需要讲条件的，情感上的激励远比物质上的奖励更加有温度，更能够让孩子实实在在地感受到父母对自己的关怀与激励，即便父母不提供任何物质上的奖励，孩子也会为了不辜负父母的爱而主动去努力，这才是最好的教育。

不一定要听父母的，孩子可以自己拿主意

在与孩子交流的过程中，大多数父母都听过这样一句话："我凭什么听你的？"当孩子一脸不服地冲父母喊出这句话的时候，父母就犹如受了内伤一般，有苦说不出，心里反复问自己："这不是我养大的孩子吗？难道不应该听我的吗？我吃过的盐比他吃过的米都多！"事实上，孩子真的不一定非要听父母的！

＞ 沟通误区

上初中后，新新交了不少新朋友。其中有一个叫小强的男孩子，学习成绩比较差，在班级里处于垫底的位置，他还总是喜欢去网吧里玩。

爸爸妈妈知道这些后，对新新说："不许再跟这个小强玩了，听见没有？到时候都把你带坏了。"

新新想不明白，一个人的好坏跟其他人有什么关系呢？小强是小强，他是他，两个人只不过喜欢在一起玩而已。于是，新新反驳父母道："凭什么呀？我连交朋友的自由都没有吗？"

新新一句"凭什么呀"，反驳得父母顿时不知道该怎么说了。

是呀，孩子大了，应该拥有交朋友的自由，但是如果父母不加干预，孩子真的学坏了怎么办？这时，爸爸忽然想起一句话，便说道："'近朱者赤，近墨者黑。'你总是跟这样不上进的孩子一起玩，迟早会被他影响，变得不上进。"

新新觉得爸爸是在故意抹黑自己的朋友，心里更加不舒服了，丢下一句"我自己的事情不用你们管。我自己知道什么样的朋友该交，什么样的朋友不该交"，就进了自己的房间，关上门，拒绝与父母继续交流。

＞ 现场指导

进入青春期的孩子，有一个很明显的特点，就是变得叛逆。从前觉得父母的话全都对，因此言听计从，遇到什么事情也都想要征求下父母的意见，父母点头了才敢去做；但是现在却觉得父母说的话全是错的，遇到事情后更希望自己拿主意，而不是由父母来决定自己该怎么做。

在这一时期，父母对孩子太过于压制，就好比在使劲儿按压一个弹簧一般，一旦松开了手，弹簧就会加倍反弹。孩子如果被父母压制得厉害，叛逆的心理就会变得更加严重。而一些控制欲强的父母，面对孩子的反叛，会强迫孩子顺从，甚至为了让孩子顺从自己，不惜搬出"家长"的身份，对孩子施压。殊不知，以爱的名义对孩子进行控制，其实已经成为一种伤害，它会谋杀孩子的个性，抹杀孩子的幸福感。

处于青春期的孩子，不会像小时候那样压抑自己的情绪，屈服于父母的"权威"，面对强势的父母，他们会忍不住反问："我凭什么要听你的？"这句话对于含辛茹苦把孩子养大的父母而言，不可谓不扎心。虽然扎心，但父母应该感到高兴，因为这说明孩子长大了，他们能够对父母的话产生怀疑，发现了这个世界还有更多的可能性；而父母所说的话，并不一定都是正确的，他们想要按照自己的想法去做事情。

所以，当孩子发出"我凭什么要听你的"这样的信号时，父母就要尝试着改变沟通方式了，不能再像以前那样"说一不二"，要求孩子必须听自己的话，而是有选择性地将选择权交到孩子手中，让孩子自己做出决定。

为什么说是"有选择性地交出选择权"呢？因为孩子虽然长大了，但是在考虑问题时仍然缺少成熟的思维方式。如果父母选择了控制的另一个极端——放任，那么孩子感受到的就不是自由，而是不被重视了。不被父母重视时，孩子就会感到孤独无依，内心也会更加敏感脆弱。

正所谓"无规矩不成方圆"，亲子沟通也是如此，什么事情可以交给孩子自己做决定，什么事情需要父母帮助孩子进行分析，然后帮助孩子做出决定，这都是父母需要思考的问题。

因此，父母要懂得在沟通中给孩子设置边界。这个边界是指父母可以帮助孩子去做一些他们还没有能力做到的事情，或者是禁止他们去做错误的事情。除此之外的事情就可以放心交给孩子自己去做决定了。

需要注意的是，在设定边界时，父母要与孩子事先进行沟通，什么事情可以做，什么事情不可以做，要与孩子商量之后才能够做出决定。只有父母与孩子能够彻底地相互了解，在设置了边界后，亲子之间的沟通才能顺利地进行下去。

＞ 典型事例

海涛出生在一个比较民主的家庭。上初中时，海涛为了跟自己的"好哥们儿"上一所中学，回到家后就对父母说："我想去二中念书。"

按照海涛的成绩，海涛可以选择三所中学：一所是一中，离家较近；一所是二中，离家较远；还有一所是育才中学，属于私立中学。其中，一中和二中的教学质量差不多，父母更偏向于选择一中，因为离家近，走读比较方便。

于是爸爸说道："二中也不错，就是离家有点远，到时候走读是个问题。"

爸爸把难题摆在了海涛面前，希望海涛能够"知难而退"，但是海涛却说："没关系，就是多了二十多分钟的路程，我就当锻炼身体了。"既然海涛这样说了，父母便尊重了他的选择。

结果上了一段时间后，海涛又提出了想要住校的想法。"爸爸妈妈，上学路上太耽误时间了，我得比别人早起半个多小时呢，现在天天觉都不够睡。我要是住校呢，这样可以多睡一会儿觉，还能多出时间来学习，你们觉得怎么样？"

表面上看起来海涛是在征求父母的意见，但父母知道，海涛自己心里早已经打定了主意，于是便做了一个"顺水人情"，同意了海涛的提议，但妈妈还是忍不住提醒道："住校以后，你就脱离了爸爸妈妈的管控了，以后全靠你自己管自己。你要是管不好自己，那学习成绩就得下降，到时候你还得乖乖走读，回家来住。"

听了妈妈的话，海涛立刻就把心放进了肚子里，他拍着胸脯向妈妈保证，一定会管好自己，决不让他们失望。事实证明，海涛确实做到了。同寝室有一个游戏迷，经常悄悄溜出校园去网吧打游戏，同寝室好几个同学都被带着去玩了，只有海涛一直坚持着自己的原则，因为他十分清楚自己想要什么，那就是考出好成绩，上重点高中。有了这一坚定的目标，就算面对再大的诱惑，海涛都能够将心思放在学习上。

《自驱型成长》一书中说："让孩子自己做主并不意味着孩子可以在所有事情上拿主意，孩子承担不起无限的选择。"所以，父母既要做到激励孩子自己做主，又要在合理的范围内控制孩子的选择，这样才能在沟通之中表现出对孩子的充分尊重，又能在一定范围内控制着孩子成长的方向。

夸奖孩子聪明，不如称赞他们努力

当孩子表现出"聪明"的一面时，父母内心的骄傲是溢于言表的，因此，也会时常将"我家××就是聪明"这样的话语挂在嘴边，无论孩子做成了什么事，永远都是用这一句作为激励。但是，孩子真的喜欢听父母夸自己"聪明"吗？

> 沟通误区

翔翔从小就是一个聪明的孩子，无论做什么事情，只要看别人做一遍，他就能学会。家里的大人总是夸他聪明，有时候还会叫他"小天才"，所以翔翔也觉得自己是个天才。

转眼，翔翔上小学了。三年级以前，翔翔几乎就是边玩边学的状态，因为老师讲的内容他很快就能够理解，所以学得很快，学习成绩也始终名列前茅。

但是上了四年级以后，翔翔的成绩就有些落后了。到了五六年级，翔翔的成绩只能排到中等水平了。对此，妈妈有些着急了，开始逼着翔翔认真学习。可是之前形成的学习习惯，让翔翔一时半会儿还无法转变过来。

于是，妈妈又尝试起其他的办法来了。她给翔翔报了一门"机器人"课程，因为妈妈听说机器人也有考级，级数高的孩子在高考时可以加分。但是翔翔对妈妈给他报的这门课程却不太满意，起初课程简单，翔翔还觉得挺有意思，但是随着课程越来越复杂，翔翔就有些应付不来了。

"妈妈，我不想上这门课了，太难了。"一次上课前，翔翔噘着嘴巴对妈妈抱怨道。

妈妈一听便急了，连忙想办法鼓励道："那怎么能行呢？凡事都是坚持下来才有结果！况且，我儿子那么聪明，这点内容还能叫难吗？"

听妈妈前半句话的时候，翔翔还有些动摇，想着再坚持坚持，但是妈妈后一句话一说出来，翔翔就立刻改变了主意，心想：如果继续学下去，却又学不好，是不是就说明自己笨，不再是小天才了呢？于是，翔翔态度坚决地说："不，不，我就不要学了，我一点儿也不喜欢机器人课。"

说完，翔翔就关上了自己房间的门，不管妈妈怎么敲门就是不开。

▶ 现场指导

翔翔就像是《伤仲永》中那个可怜的仲永，明明小时候天资出色，但因为在成长过程中受到了太多的赞美，以至于迷失了自己，最终从天才变成了庸才。

翔翔的表现跟父母平时的夸赞不无关系。夸赞孩子确实是激励孩子的一种方式，经常得到夸赞的孩子，会更加自信和勇敢，但前提是父母要用对夸赞方式——夸孩子"聪明"远不如夸孩子"努力"更加具有激励的效果。

斯坦福大学著名心理学家卡罗尔·德韦克曾经做过一个实验：

她选取了400名五年级学生，将他们分为两组，然后交给他们一系列的智力拼图任务。在这期间，她对其中一组学生进行这样的称赞："你对拼图很有天分，你很聪明。"对另一组学生进行这样的称赞："你刚才一定非常努力，所以表现得十分出色。"随后，他让两组学生参加第二轮的拼图测试。拼图有两种不同的难度可以选择，孩子们可以进行自由选择。结果被夸聪明的那组孩子，大多选择了难度较小的拼图；而被夸努力的孩子，几乎都选择了难度较大的那组拼图。

对于这个结果，可能很多父母会觉得疑惑：难道不应该是经常被夸"聪明"的孩子更加有自信吗？为什么他们选择难度较小的拼图呢？

原因就在"夸奖"二字上。总是被夸"聪明"的孩子，确实可以变得自信起来，但是他们只做自己有把握的事情，也就是说，父母夸赞孩子聪明就等于在告诉孩子，为了保持"聪明"千万不要去冒可能犯错的险。所以，为了避免失败，被夸"聪明"的孩子会选择更加保险的方式去进行挑战。

而那些被父母夸"努力"的孩子，内心会产生一种"我可以掌控结果"的感觉。在孩子们看来，成功与否掌握在他们自己的手中，只要他们努力，就能够得到自己想要的结果，所以他们更愿意去尝试更有难度的挑战。

因此，父母夸孩子"聪明"，实际上是鼓励孩子用一种保守的心态看待自己，因为聪明是天生的，所以最初是什么样，最终也会是什么样。当孩子长期陷在这种情绪之中时，他的内心会渐渐不堪重负，因为他总是担心别人看到他不聪明的一面，所以做事情畏首畏尾，遇到困难就想要直接放弃。

而父母夸孩子"努力"，则是在鼓励孩子用"成长的心态"看待自己，因为没有人天生就会努力，努力是后天形成的结果，是可以不断增加的东西。当孩子经常被父母夸赞努力时，他们不但不会产生压力，还会想办法让自己变得更好。

所以，父母不要总是夸赞孩子"聪明"了，而要多多肯定孩子为做某事所付出的努力，哪怕孩子只是用了一点儿功，也要努力将其放大，让孩子知道，他能够做好这件事是因为他付出了努力，而不是因为他聪明。

◉ 典型事例

小晴从小就聪明伶俐，妈妈逢人就夸："我们家晴晴特别聪明。"小时候，听到妈妈这话，晴晴总是骄傲地扬起小脑袋，迎上别人赞许的目光。

可是随着年龄的增长，不知道是听腻了这句话，还是什么原因，小晴开始害怕妈妈说这句话，尤其是当她发现身边有很多比她优秀的孩子时，她的内心就控制不住自己的嫉妒之情。

小晴知道自己这样做不对，所以性格变得越来越内向，也越来越不自信，生怕出了差错被人嘲笑。但是在老师眼里，小晴是一个很优秀的孩子，明明题目全部都能做对，但课堂上就是不敢举手发言。

在一次家长会后，老师专门与小晴的妈妈聊了聊，得知妈妈平时的教育方式后，老师对妈妈说："多夸孩子，倒是没什么错，但是不能总夸孩子聪明，夸得多了，孩子容易产生心理压力。"

妈妈将老师的话牢记在心。这天，小晴的舅舅送了她一套三千多片的拼图，小晴一拿到手就迫不及待地拼了起来。可是拼着拼着，小晴就有些泄气了，拼图块数太多了，有些还特别容易混淆，她已经拼错过两次了，这些挫败感让小晴想要放弃了。

"妈妈，我不想拼了，太难了。"小晴耷拉着头说。

妈妈本想说："我们小晴这么聪明都觉得难，那说明这个拼图确实是难。"可是话到了嘴边，妈妈想起了老师的话，再想到小晴前两次拼错了都没有放弃，因此觉得孩子也是具备坚持不懈的精神的。

于是，妈妈的话变成了："是不是拼累了呀？拼累了就歇息会儿。妈妈还头一次见你做事情这么认真呢，你已经连续拼了快两个小时，这专注力值得表扬。就冲你这认真的样子，这拼图迟早能拼起来。"

听了妈妈的话，小晴又重新燃起了自信，调整了一下心情，继续拼了起来。

> **沟通笔记**

或许孩子是真的聪明，让你忍不住想要夸奖两句，但是当你知道了夸"聪明"和夸"努力"之间的区别后，会怎样选择呢？孩子的未来有无数种可能，而这无数种可能就隐藏在父母平时与孩子的交流之中，有时候仅仅因为父母一句激励的话，就能够让孩子拥有截然不同的未来。

孩子的进步再小，也值得被肯定

许多父母认为，只有对孩子要求严格，才能促使孩子进步。所以在亲子沟通之中，有些父母会因为孩子进步太小，没有达到自己心中的标准就对孩子全盘否定，无视孩子的点滴进步，并自认为这是激励孩子的一种方式，却不知这种方式于无形中对孩子造成了伤害。

▶ 沟通误区

鹏鹏的成绩在班里一直处于中下游的水平，眼看着就要小考了，妈妈心里十分着急。为了提高鹏鹏的成绩，妈妈给他报了一个全科辅导班，几乎每个周六周日，鹏鹏都是在补习班里度过的。

鹏鹏懂得妈妈的良苦用心，所以学习起来也十分用功，只是因为基础薄弱，学得十分吃力。在一次数学小测验中，鹏鹏得到了有史以来的最好成绩——91分。终于上90分了，鹏鹏为此激动不已，出了校门一看见妈妈，就连忙将自己的"战果"汇报给妈妈。

"妈妈，我这次小测验考了91分！"鹏鹏一脸笑容地说。

妈妈听了，淡淡地说道："得意什么呀？补了这么长时间的课，才进步了这么几分。"

"老师都夸奖我了呢!"鹏鹏继续补充道。

"那是你们老师要求太低了。就你这分数,距离优秀还差得远呢,还得继续努力,听到没有?"妈妈说。

"哦。"鹏鹏点了点头,回答道,但是脸上已经没有了之前的笑容。

> ### 现场指导

有些父母对孩子的要求太高,只看到其他孩子的进步,看不到自己孩子的进步;只看到大进步,看不到小进步。实际上,孩子无论进步多大,他们都需要得到父母的赏识和肯定。

当孩子为了点滴进步付出了努力,却没有被父母肯定时,他们的内心是失望且难受的。孩子在学习和生活中,总会有一些不如意的地方，或许他们的成绩没有别人好，或许他们的脑筋没有别人聪明，或许他们做事没有别人快……

父母总是希望自己的孩子是最棒的，可孩子并不是生来就是最棒的。只要孩子在慢慢进步，我们就应该看到孩子的进步，哪怕这些进步非常小，我们也应该满含热情地鼓励孩子："不错，你比以前进步多了。别着急，继续努力，一定会越来越好的！"

《劝学》中说："不积跬步，无以至千里。"孩子的进步也是如此，没有一点点的进步，又哪里来的更大的进步呢？所以父母不要小瞧孩子小小的进步，孩子的自信心往往就是在点滴的进步中逐渐累积起来的。

聪明的父母要善于发现孩子的进步，并予以肯定和表扬。当孩子得到父母的肯定和鼓励后，他们往往会继续坚持和努力，让自己每一天都会有一些变化。虽然只是一些细微的改变，但是孩子的自信心会越来越强。

＞ 典型事例

岩岩上初二那年转到了另一所学校念书，新学校里人才济济，原本成绩就不算好的岩岩，到了新学校直接成了倒数第一名，人生地不熟，再加上成绩倒数，岩岩脸上的笑容越来越少了。

这一切，妈妈都看在了眼里。为了激励岩岩，妈妈报考了注册会计师，每天陪着岩岩一起学习。在妈妈的带动下，岩岩虽然有了学习动力，但是学起来依旧吃力。数学小测验的时候，岩岩的成绩依旧不理想，只比上一次进步了10分，名次从倒数第一名变成了倒数第二名。

对于这个结果，苦学了两个多月的岩岩自然不太满意，他郁闷地问妈妈："妈妈，你说我是不是就不是学习的料呀？别人稍微用用功就能实现突飞猛进的进步，而我下了这么大的功夫，却还是倒数。"

妈妈听了岩岩的话，忍不住笑着说："可不能这么贬低自己，在妈妈看来，你这次进步不小呢！整整进步了10分呢！妈妈虽然还没看卷子，但是也知道，这10分的进步，可不是做对一两道小题的事情，这说明你正在把以前落下的知识点一点一点地补上来呢！只要你坚持下去，你迟早能够有突飞猛进的进步。"

原本心情十分低落的岩岩，听了妈妈的话，立刻士气大振。过了一会儿，岩岩对妈妈说："妈妈，你给我找个补习老师吧，我想有老师的帮助，我能进步得再快一点儿。"

别人家的孩子都对补课避之不及，岩岩却主动提出了补课，这让妈妈感到欣慰不已，连忙拍着胸脯说："没问题，这件事情交到妈妈手上了，我儿子这么爱学习，妈妈就是赴汤蹈火也得支持你呀！"

说完，母子二人都笑了。

⊙ 沟通笔记

孩子的成长是一个漫长的过程，要一步一步不断地去实现。因此，对于孩子的每一点进步，父母都应格外关注并及时地给予鼓励，尤其是在孩子表现不好的时候，父母更应该善于发现孩子哪怕是一点点的进步，并及时用语言对孩子进行肯定和激励，表现出对孩子的赏识，这样才能帮孩子建立起勇气和信心。

得到的肯定越多，孩子的闪光点就越亮

曾经有这样一项实验：让一群中国孩子和一群外国孩子分别将自己的考试成绩带回家，结果显示，有80％的中国父母对自己孩子的成绩不满意，而外国父母中则有80％对自己孩子的成绩表示满意。实际上，外国孩子的成绩远不如中国孩子。

实验虽然只选取了少部分的学生，但是反映出了大部分中国孩子的现状，那就是总是被父母用挑剔的眼光来看待。

＞ 沟通误区

佳馨的妈妈从小到大都是非常优秀的一个人，无论是上学期间还是工作以后，都拥有十分不错的成绩。因此，在佳馨的妈妈眼中，自己的孩子也应该具备优秀的基因。小时候的佳馨也确实如此，唱歌、跳舞、画画，样样都拿得出手。可是自从升到三年级以后，佳馨的成绩便渐渐有些落后了。因此，妈妈给佳馨报了很多课外补习班，这些补习班占据了佳馨大部分的时间，使得她有兴趣的课程都没有时间上了。

平日里，佳馨的妈妈最常挂在嘴边的一句话就是："笨鸟先飞，脑子笨的人，就得比别人付出更大的努力。"妈妈天天这样说，佳馨便也这样觉得，时常跟小伙伴们说："我没空出去玩，我妈说我是笨鸟，得先飞。"即便这样，到了六年级佳馨的成绩依旧不理想。在小考前，佳馨经常学习到晚上十一二点，早晨又早早起来背课文背英语。可是佳馨仍然和重点中学的分数线擦肩而过。看着佳馨努力了这么长时间得来的成绩，妈妈失望地说："你怎么就没有继承我一点优点呢？没有什么特长就算了，学习成绩也上不来。"

妈妈的话让本就沮丧的佳馨心情更加晦暗了，她瞬间觉得自己一无是处，糟糕透顶，就算上了初中，也不会有什么好成绩了。

⊙ 现场指导

佳馨真的一点优点都没有吗？并不见得。任何一个孩子，都有自己的长处和优点。如果你觉得孩子不优秀，那说明你看待孩子的角度不对。父母的眼睛若是只盯着孩子的短处，就会忽略了孩子的长处。而长处总是被忽略，孩子渐渐就会忘了自己也有优秀的一面了。

曾有一位心理学家拿出一张白纸，在白纸上随意点了一滴墨渍，然后问别人看到了什么，几乎每个人都说看到的是一个黑点。如果说白色是优点，黑色是缺点的话，那么大多数父母都跟佳馨的妈妈一样，只看到孩子的缺点，将孩子的一点错误无限放大，却对孩子所具备的"闪光点"视而不见，从不给予肯定与鼓励。亲子之间这样相处下去，注定不会和谐。

每一个孩子都渴望得到来自父母的肯定与认可。有时孩子的上进心要远远高于成年人，对于他们而言，父母的欣赏就是他们成长的养料。如果有父母欣赏的话，那么他们会在情绪上产生快感，在精神上受到激励，在思想上获得新的启示，这样积极的内心体验就能增强孩子的自信和自尊，使他们更加有向上的动力。

　　父母若是有心，就会发现孩子身上的"闪光点"不止一点点。除了学习成绩外，每个孩子在性格、兴趣爱好、文体才能、文明礼貌、社交能力、卫生习惯、劳动表现、动手能力等方面，都具备着或多或少的"闪光点"。

　　对于孩子而言，父母的欣赏就像是一支"催化剂"，能够促使他们成为一个有追求、有理想、有上进心的人，就看父母给不给孩子机会。

海翔小时候就开始学写毛笔字，那时候他的字迹算不上优秀，但是妈妈总能从海翔练过的字里面发现几个写得好的，或是有了重大进步的，然后把这些作品统统"收藏"起来，像"宝贝"一样放到一个盒子里。时不时拿出来端详一番，将过去的字和刚写完的字做对比，然后告诉海翔："只要今天比昨天强就行。"

虽然妈妈很在意海翔的练字作品，但是妈妈从来不会强迫海翔练字。而且海翔每次练字，妈妈的鼓励都不会缺席。对于海翔写得好的字，妈妈就会由衷地赞赏道："这字写得很好啊！比上次好了很多呢！"因为得到了妈妈的表扬，海翔从一开始并不热衷于练字，到后来真的爱上了书法，并且水平不断提高。

后来，妈妈已经无法从技巧上再给予海翔帮助了，但海翔觉得，妈妈能够作为一个欣赏者站在他身边，对他就是莫大的鼓励。

2000年，海翔参加清华大学国际MBA的考试，当时有4000多名高中毕业生同时报考，但最终仅有62人入选，海翔就是其中一位。

> **沟通笔记**

知心姐姐卢勤说过："成功的教育方法就是，放大孩子的'闪光点'。"因为每个孩子都十分在意自己的成绩和努力的结果，如果得到了父母的欣赏，他们就会感到骄傲和自豪，并且愿意继续努力；但如果没有得到父母的欣赏，那么可能有些孩子就会自我放弃，认为坚持也没有用。

父母的欣赏，是鼓舞孩子树立信心、勤奋进取的法宝，是提高孩子上进心的动力，也是父母充分挖掘孩子潜能的一种无形的力量。有一句话可以视之为真理：父母用欣赏的心态教育孩子，孩子都会成为杰出的天才。

别再说"你真棒"了，夸奖要走走心

有人说，"好孩子是夸出来的"。说到"夸"孩子，很多父母会觉得这太简单了，什么"你真棒""太了不起了""乖孩子"……这样夸奖的话语，不是张嘴就能来吗？但是这样的夸赞，你的孩子喜欢听吗？你夸完了会有用吗？

⊚ 沟通误区

今年上五年级的小威已经是个大男孩了，却依旧改不了调皮的毛病，为此，妈妈打也打了骂也骂了，却看不到什么效果。一个偶然的机会，妈妈听别人提起了"赏识教育法"，就是要多夸赞孩子，还说好孩子都是夸出来的，于是妈妈打算在小威身上试验试验。

比如：小威吃完瓜子，弄了一地的瓜子皮，没等妈妈说就主动将瓜子皮扫了起来，妈妈就会说"小威真乖"。

起初，小威听了妈妈的表扬很受鼓舞，明显比之前勤快了许多，这让妈妈觉得"夸赞大法"确实是个好办法，于是每次小威主动收拾了房间，妈妈都会如此夸赞一番。但是没过多久，小威的热情就降了下来。

其他方面也是如此。小威作业完成得好，妈妈便夸奖他："小威真棒！"然后小威就会坚持那么一段时间，新鲜劲儿一过，无论妈妈再怎么夸奖"小威真棒"，小威的学习热情也不再高涨了。

对此，妈妈无奈道："这'夸赞大法'虽好，就是保质期太短了。"

事实上，并不是"夸赞大法"保质期短，而是小威妈妈在使用此方法时，没能掌握好技巧而已。

赏识教育的确是一种有效的亲子沟通方法，很多父母将赏识教育当作教育好孩子的法宝。但赞美孩子可不是简单夸几句那么简单的事，很多父母就因为不能很好地把握赏识的技巧，使得赏识教育的效果不尽如人意。

每次对孩子进行表扬，都只是笼统地、泛泛地夸奖孩子"你真好""你真棒""你干得真不错"……第一次听到，孩子会热血沸腾，充满了力量；第二次听到，孩子会觉得内心愉悦，沾沾自喜；但是第三次、第四次……听到的都是这样的赞美，孩子就会对这些赞美产生"免疫"。

父母虽然夸赞了孩子，但是对于孩子而言，夸与不夸没什么两样。更重要的是，这样没有"营养"的夸赞还会使孩子养成骄傲、听不得半点批评的坏习惯。

那么，什么样的夸赞才是孩子愿意听，并且永远也听不腻的呢？

对于孩子而言，夸赞的语言不能太笼统、模糊，不能简单地用"你真是一个好孩子""你真棒"这样的一般赞语，而是要告诉他哪里棒，为什么棒。父母对孩子的表扬越具体，孩子就越容易找准努力的方向。

夸赞不应当只是一个形式，马马虎虎地夸上一两句是没有长期效果的。父母在夸奖孩子时话语足够具体，能体现出父母对孩子的肯定足够走心，这样孩子才会觉得父母的夸奖是有价值的。

⊙ **典型事例**

晓丽已经上初二了，因为马上要面临着中考，妈妈希望她把所有的心思都用在学习上，所以，家里大大小小的事情都不让晓丽插手，晓丽则渐渐地习惯了妈妈为她准备好一切。

这天，晓丽放学回家时看到妈妈闭着眼睛，一脸倦容地躺在床上睡着了，她本想将妈妈叫起来为她做饭，但是看到妈妈睡得那样香甜，晓丽临时改变了主意。她静静地走出卧室，来到了厨房，学着妈妈的样子拿出了电饭锅，蒸上了一锅米饭。

看到家里还是乱糟糟的样子，晓丽又连忙将家里收拾了一番。等到米饭熟了，晓丽做了一个最简单的炒鸡蛋，然后把饭菜都端上桌，才将妈妈喊了起来。

看到整齐的家、热腾腾的饭菜，妈妈心里别提多感动了，连连夸赞道："哎呀，我们晓丽真是长大了，越来越懂事了。"晓丽听了妈妈的话，只是笑笑不说话，因为每次她做得好时，妈妈都会这样说，她都已经习惯了。

但是这一次，妈妈显然特别满意，夸奖的话语接二连三地说了出来："昨天妈妈加班到深夜，早上起来给你做完早点后，就有点困，想着先躺一会儿，结果就睡着了。还好你懂事，知道自己做些饭吃，还把家里收拾得这么整洁，让妈妈好好睡了一觉，怪不得人家都说'女儿是妈妈的贴心小棉袄'呢，真就是这么回事。"

平时妈妈说这么长一串话，晓丽早就感觉不耐烦了，可是今天对于妈妈的"唠唠叨叨"晓丽却好像没有听够一样。她暗自下决心，以后妈妈辛苦的时候，自己一定要多帮忙。

⊙ 沟通笔记

　　父母对孩子的夸奖，其实是对孩子做事动机的肯定，是对孩子付出的努力表示欣赏，夸奖的话语越具体，越能说明孩子的努力被父母真切地看到或感受到。对于很多孩子来说，他们的努力就是为了得到来自父母的认可，尽管这未必全对，但只有父母认可了，他们才觉得一切付出都是值得的，才会继续为之努力。

第四章

掌握孩子的心理，才能引导他们的行为

心理学家认为，身为父母必须学会如何说服孩子，因为这有利于巩固父母在孩子心目中的权威形象。事实上，孩子也希望父母拥有这样的形象，这会让他们内心充满安全感。但与此同时，孩子又希望自己能够摆脱父母的掌控，能够超越父母，尤其是在父母向他们灌输一些在他们看来枯燥无味，甚至是陈旧落伍的观念时，这种想法会更加强烈。在这样两种心理的冲击下，孩子成了一个不容易被父母说服，但也希望父母能够给予他们引导的矛盾体。

因此，父母想要令孩子信服，仅仅有正确的观点还不够，还要掌握孩子的心理特征，以及相关的交谈技巧。

父母变身为朋友，孩子更容易敞开心扉

父母是孩子在这个世界上最亲近的人，但这并不表明父母就一定是孩子最贴心的人，尤其是青春期的孩子，他们的心中有了很多秘密，但他们不愿意跟高高在上的父母说，而是更愿意跟自己的朋友诉说。因此，父母想要知道孩子内心的小秘密，并且在他们做得不对时给予引导，就要变身为他们的朋友，像朋友一样和他们交流。

> 沟通误区

子萱长得很可爱，瓜子脸，大眼睛，皮肤白皙，身材高挑，不但是学校里的文艺骨干，而且学习成绩也很棒，常年保持在班级前三名。

但是，上了六年级以后，子萱的成绩忽然下滑，爸爸妈妈以为是学习压力太大所致，几次三番想要找机会跟子萱聊聊，帮她疏解一下情绪。爸爸妈妈问子萱是什么原因导致的学习成绩下降，子萱要么说自己也不知道，要么就是沉默不语。

就在爸爸妈妈准备找班主任谈谈的时候，一封夹在书中的信被妈妈发现了。信的一开头表达出了她对某个男生的想念之情，然后就吐露出了自己内心的不快，什么爸爸妈妈成天逼着她学习了，还有那个男生跟别的女生说说笑笑被她看到了之类的，结尾还提到学习好累，就想天天和那个男生一起出去玩……

看完信的妈妈，只感觉头脑一片空白，她没有想到平日里看起来乖巧听话的女儿，竟然背着他们悄悄谈起了恋爱，要不是她将信件忘在书里了，这个秘密父母可能永远都发现不了。

在平息了自己内心的怒火以后，妈妈以雷霆般的手段将子萱这段感情扼杀在了摇篮里。她先是找到了男生的父母，严厉地警告了对方，让他们的儿子不要再骚扰自己的女儿，否则就选择报警；然后又给子萱办理了转学手续，远离了那个男生。

妈妈认为这样子萱就能静下心来好好学习了，没有想到子萱就像是"失恋"了一般，整个人像丢了魂似的，学习成绩一落千丈，整天一副郁郁寡欢的模样，不但没有升入重点中学，就连普通初中都差一点儿没进去。

⊙ 现场指导

早恋，通常被父母视作大问题，一旦发现，处理起来绝不手软，也丝毫不给孩子留情面。正是因为父母这样的处理方式，使得孩子害怕心中的秘密被父母知道，只能选择隐瞒。而隐瞒，是比早恋更严重的问题。孩子一旦瞒着父母去做事情，父母就无法得知孩子的具体情况，也无法在孩子犯错之前给予孩子劝说和引导了。

如果孩子开始对父母有所隐瞒，那么父母就要反思自己平时的教育方式了。是不是平时从不给孩子发言权与选择权？或是从不注意孩子的隐私权？如果在亲子沟通中父母有这样的行为存在，那孩子就会渐渐地从对父母畅所欲言变得凡事能瞒就瞒。

父母想要真正走进孩子的心里，就要彻底放下家长的架子，想方设法做孩子的朋友，这样孩子才会愿意跟家长沟通。

曾经有一位教育专家是这样处理他和儿子的关系的：10% 是父亲，90% 是朋友。心理学专家李子勋也提到过一个观点：关系大于教育，良好的亲子关系是教育的根本。

也就是说，父母不需要每天苦口婆心地告诉孩子该怎么做，不该怎么做，只要有良好的关系存在，很多教育问题甚至都不会出现。这种良好的关系不是一种过度亲密、过度依恋的纠缠关系，而是一种相对自由、和谐、相互尊重的朋友关系。

其实，每一个孩子都希望父母把自己当成朋友，彼此之间能够平等对待，相互尊重，包括尊重他的感情、他的愿望、他的选择；希望在自己犯错的时候，父母不要以长辈的身份去"审问"自己，而是以朋友的身份理解他们，耐心倾听他们的想法，然后一起商量解决问题的方法。

> 典型事例

菲菲单恋了，对象是同班的一个高高瘦瘦的男生。每天上学，男生会绕路到菲菲家附近等着她；每天放学，男生又会将菲菲送回家。有一次放学，菲菲正好碰到了出来办事的爸爸。

只见爸爸面带笑容地走到两个孩子面前，打了个招呼说："菲菲放学啦，这位同学是……"爸爸说了一半，停了下来，将主动权交给了菲菲。

"爸爸，这是我同学，我们顺路，就一起回来了。"菲菲假装
若无其事地说道，但是爸爸明显感觉到了菲菲的不自然和紧张，却
没有拆穿菲菲，而是顺着菲菲的话说道："哦，那很好啊，一起放
学还安全些，那你们赶紧回去吧，爸爸有点事要去办，你回家跟妈
妈说一声，爸爸晚点回家。"

　　说完，爸爸就真的开车离开了。菲菲以为爸爸相信了她的话，
长长地舒了一口气，但是等她回到家时，才发现爸爸根本就没有去
办事，而是站在家门口等着她。看到菲菲后，爸爸说："走，今天
爸爸请你出去吃。"

　　不明所以的菲菲战战兢兢地跟着爸爸来到了餐馆，爸爸也没有
拐弯抹角，直接就问菲菲："那个男孩子是你男朋友吧？"菲菲本
能地想要否认，但爸爸那肯定的语气，让她不敢再否认。

"眼光不错，小伙子白白净净、高高瘦瘦的。"听到爸爸夸自己的男朋友，菲菲意外极了，她以为爸爸会将对方贬得一文不值。

爸爸又接着说："爸爸像你这么大的时候，也曾喜欢过班里的一个女生。"

菲菲听了忍不住问道："那个人是妈妈吗？"

爸爸笑着摇了摇头，说道："不是。我现在甚至已经记不太清她长什么样子了，只记得她学习特别好，是我们班的学习委员。我追求她的时候，她跟我说，只要我学习成绩能超过她，她就答应我。"

"那你做到了吗？"菲菲追问道。

"我做到了。为了追上她的成绩，我使劲儿学习，终于在初三那年成绩超过了她，考上了特别好的高中。但我忽然发现，我对她的感情不那么浓烈了。再加上她也转学去了另外的城市上学，我们之间就没有联系了。现在想起来，我很感激她，是她让我从一个满脑子只想谈恋爱的傻小子，变成了一名努力学习的好学生，这样才得以考上大学，认识你的妈妈，生下了你。"

菲菲听到这里，忽然也很感谢那个未曾见面的阿姨，同时她也明白了爸爸跟她说这一段往事的目的。

"爸爸，我明白了，我不会因为谈恋爱影响学习的。他学习很好，经常帮我补习，我们希望能够考入同一所大学。"菲菲一脸认真地说。

从这以后，菲菲有什么心里话都愿意第一时间分享给爸爸，有爸爸"保驾护航"，菲菲度过了一个快乐美好的青春期。

想和孩子做朋友，就要经常跟孩子沟通和交流，像朋友一样谈谈心，父母可以告诉孩子自己曾经的经历，可以是成功的，也可以是失败的，甚至可以是丢人的瞬间……只有这样，孩子才会觉得自己与父母之间没有距离，才愿意畅所欲言。

当孩子觉得和父母聊天没有"被惩罚的威胁"时，他们才会更信任父母，什么秘密都愿意告诉父母。这样，父母对孩子的所思所想及所处状态就能够拥有比较全面的了解，亲子沟通也就能有的放矢了。

站在孩子的角度，有助于看清孩子的世界

人与人之间的想法存在着很大不同，成人和孩子之间的想法更是天差地别。有时候，父母和孩子之间会产生分歧，这并不一定是谁对谁错，更多的是因为看待问题的角度不同。如果父母愿意站在孩子的角度去看待事情，那么孩子身上存在的问题可能就不再是问题了。

　　小静 14 岁了，喜欢一切潮流时髦的东西，她的梦想就是成为形象设计师，引领时尚潮流。所以，当小静发现走在潮流前线的偶像穿了一条破洞裤后，也想拥有一条。可是当小静从网上找到图片让妈妈给买时，妈妈一口拒绝了小静的要求："你看那是什么裤子？谁穿着破裤子上街呀？跟个乞丐一样！那像是学生吗？"

　　听了妈妈的话，小静没有吭声，而是默默地回到了自己的房间里开始盘算起来。妈妈每个星期给小静一百元零花钱，她打算省着点花，这样用不了多久，就可以买到心爱的破洞牛仔裤了。

三个星期后，小静终于攒够了钱。为了不被妈妈发现，小静特地将快递寄到了同学家，然后装在书包里悄悄带回家，藏在了衣柜最里面。等到休息的时候，小静会把破洞裤放在包里，然后穿着正常的衣服出门，到了外面的公共厕所，再将破洞裤换上。

　　就这样，小静穿上了自己心爱的裤子，妈妈却什么都不知道，还以为小静听了自己的话，放弃了买破洞裤的念头呢！

⊙ 现场指导

　　每个孩子都有自己的思想，都希望自己的想法被尊重和理解。小静的妈妈没有理解小静的想法，所以小静选择了沉默和隐瞒。这是亲子沟通中最容易出现的问题，原因在于父母不会从孩子的角度考虑问题，而是将自己的意愿强加在孩子身上，这样非但达不到预期的效果，反而会激起孩子的逆反心理，导致父母永远不会知道孩子的心里在想什么。

　　想要与孩子进行良好的沟通，父母应该学会放下自己的成见，试着用孩子的眼光来了解和认识孩子。因为对于同一个问题，大人和孩子的视角不同，所以做出的判断和产生的认识也不一样，误解就很容易产生。

　　就像小静和妈妈之间的对话一样，妈妈认为破洞裤是乞丐才穿的衣服，而在小静眼里，破洞裤代表着时尚和新潮。毕竟出生的年代不同、成长的环境不同，对事物产生的认知也不同。不能说妈妈的做法不对，只能说妈妈和小静之间的立场不同。大人有大人的世界，孩子有孩子的世界，这是两个不同的世界。如果父母非要用大人世界的要求来对待孩子，势必会发生许多亲子关系上的问题和不愉快。

只有懂得换位思考，在与孩子沟通交流时，才能够从孩子的角度来看待问题、分析问题，彼此达成共识并有效地解决问题。

＞ 典型事例

小莹身边的朋友都买了破洞裤穿，她看了心里痒痒起来，用攒的零花钱也买了一条穿。这天休息，小莹穿着新买的破洞裤刚刚走出房门，就被妈妈看到了。

"天啊，你这穿的是什么裤子呀？"妈妈吃惊地望着小莹说，只见小莹的裤子每条腿上都有两个硕大的窟窿，从大腿一直露到膝盖。

"妈妈，这是破洞裤，今年最流行了，我的偶像就穿了一条一模一样的。"小莹略带嫌弃地解释道。

听了小莹的话，妈妈似乎也想起来，单位的一个小姑娘也总是穿着露膝盖的裤子，不过作为成年人这样穿是没什么了，但是作为学生这样穿就有点不合适了。妈妈一边端详着小莹的穿着，一边想着该怎么劝阻小莹。

看着看着，妈妈就觉得这裤子穿着也不是那么难看，好像大街上的年轻人都这样穿；再想想自己年轻的时候，也是流行什么就穿什么。于是，妈妈从内心里接受了小莹的这身装扮，但还是嘱咐道："穿是可以的，不过，你现在还是学生呢，无论是言行举止还是穿着打扮，都应该有个学生的样子，这样才能给老师和同学们留下好印象。这样吧，平时休息的时候你可以穿穿，但是千万不能穿到学校去。知道吗？"

小莹听了，不住地点头说："知道了妈妈，您就是借给我十个胆，我也不敢穿到学校去！"

说完，小莹高高兴兴地出门了。

> **沟通笔记**

父母在教育孩子时，要站在孩子的角度去思考和理解他们的内心世界。因为站在孩子角度看问题，就等于掌握了打开孩子心门的钥匙，能够轻松地打开他们看似封闭的心灵。而父母想要更多地了解孩子，就得换位思考，进行角色转变，这样才能对孩子的想法感同身受，从而避免误解发生。

巧用激将法，让孩子变得"顺从"

"激将法"，是指设法刺激他人，鼓动其做出符合自己意愿的行为或举动。

《三国演义》中的诸葛亮就十分擅长运用此计。在曹操攻打孙权和刘备之时，为了让孙权与刘备结成联盟，诸葛亮故意劝说孙权投降曹操，同时表明刘备是皇室正统，即使战死，也不会投降曹操。这一下，刺激起了孙权的自尊心，孙权发誓要与曹操决一死战。

虽然激将法出自兵法，但同样可以运用在亲子沟通之中。

⊳ 沟通误区

上了初中后，很多孩子有了自己的手机，于是小杰的父母也给他买了一部手机。起初，小杰就是用手机打打电话、查查资料，后来在同学们的带动下，开始玩起了网络游戏，而且越玩越上瘾。

每天晚上，小杰都会先假装睡着，等到爸爸妈妈睡了以后，他便偷偷拿出手机玩游戏，经常玩到三更半夜，早晨顶着两个黑眼圈起床去上学。到了学校，自然犯困打瞌睡，学习成绩一路下滑。爸爸妈妈发现后，果断地没收了小杰的手机，以为这样就能够断绝小杰玩游戏的念头。

没有了手机的小杰，为了玩游戏开始泡网吧。当他再一次晚自习逃课去网吧时，老师拨通了小杰爸爸的电话。接到老师电话的爸爸，立刻就出门去找小杰，转遍了大街小巷的网吧，爸爸终于找到了蜷缩在角落里玩得正起劲儿的小杰。

爸爸二话不说，一把拽起小杰，一巴掌打在了小杰的脸上，瞬间小杰的半边脸就被打红了，然后爸爸拖着小杰出了网吧。回到家里后，爸爸把小杰锁进了房间里，骂道："你一天戒不掉网瘾，就一天别想出这个门！"

此时小杰想起自己的学生身份来了，哭丧着脸说："可我还要上学呀！"

爸爸听了更加生气，骂道："你这个时候想起上学来了，早干什么去了？我给你掏钱念书，你却逃学去玩游戏，你还上什么学？别浪费这个钱了。"

　　听了爸爸的话，小杰不但没有悔过的意思，反而觉得爸爸太不讲理了，他不过就是逃了晚自习，又没有逃其他的课，爸爸就剥夺了他上学的权利，以后自己没本事，就是爸爸的错。

▶ 现场指导

　　父母使用激将法与孩子沟通，其实就是利用了心理学中的"激将效应"，即通过反向刺激促使孩子做出正向选择的行为。俗语说："树怕剥皮，人怕激气。"孩子虽然不大，但是好胜心强，尤其是青少年时期的孩子，他们凡事爱以大人的标准要求自己，凡事又都爱斗个胜负输赢，如果父母在与孩子的沟通中，能够利用孩子的自尊心和逆反心理积极的一面，激起他们"不服气"的情绪，就能令孩子主动按照父母的心意去做事。

但是，在对孩子运用激将法时，父母一定要看准对象，因为此方法只适用于具有强烈进取心的孩子身上，对于没有什么进取心，并且内心比较敏感的孩子，激将法会引起相反的效果。

曾有机构对孩子就"你最无法忍受父母的哪种行为"做过一个调查，结果发现，有 30% 左右的孩子不能忍受妈妈说自己不如别的孩子的"激将法"，这说明孩子有强烈的自尊心，他们不愿意妈妈拿别人与自己比较，尤其是别人家的孩子。所以激将法虽然灵验，但父母也要有分寸地使用，千万不要用别人家的孩子去刺激自己家的孩子，否则不但达不到引导的效果，还可能会刺伤孩子的自尊。

◉ 典型事例

上了初中后，小凯就染上了网瘾，只要一有空，他就拿出手机打游戏，或者用聊天软件找附近的女孩聊天，除此之外，任何事情都无法引起他的兴趣，学习成绩自然也越来越差。

爸爸妈妈看在眼里，急在心里。这时，一个亲戚给小凯爸妈出主意说："有一个网瘾治疗中心，能够让孩子戒掉网瘾。"爸爸妈妈听了以后就心动了，连哄带骗地将小凯带到了那个治疗中心，结果那里所谓的"治疗"就是电击，只要孩子一动了上网的念头，就会对孩子进行电击，通过身体的疼痛让孩子对网络产生排斥感。

爸爸妈妈不忍心小凯遭受这样的折磨，就将小凯带回了家。在回家路上，妈妈叹着气问小凯："儿子呀，你怎么就这么爱上网呢？那网络游戏就那么好玩吗？"

小凯看了看妈妈，实话实说道："嗯，在游戏中我能找到自信，也能找到志趣相投的朋友，我们有很多共同的语言，彼此之间相互信任。我觉得网络世界比现实世界温暖多了，你和爸爸平时总是忙着做生意，连听我好好说话的时间都没有，但是网络上的朋友不一样，他们总是能在我无聊的时候陪着我。"

妈妈听了小凯的话，心里感到很内疚也很无奈。爸爸听了这话，想道："既然父母的错误已经铸成，与其逼迫孩子改变，不如父母先进行改变。"

经过一段时间的冥思苦想后，爸爸终于找到了好办法。这天，爸爸回到家，故意用很大的声音对妈妈说："我今天去健身房办了一张健身卡，从今以后打算好好健身，把我这个大肚子练下去。"

一旁的小凯听了，不以为然地笑了笑，在他眼里，爸爸生意那么忙，哪里还有时间去健身，这分明就是在浪费钱呢！

爸爸看到小凯的笑容，故意问道："你小子笑什么呢？我本来想给你也办一张，但后来想到你每天不是看手机就是打游戏，跟温室里的小花一样，怎么可能举得动杠铃，就没浪费这钱。"

爸爸这话明显瞧不起小凯，小凯觉得很不服气，说道："你看不起谁呢？我一个大小伙子，还能举不过你一个大叔？"

妈妈也赶紧抓住机会，说道："就是，我儿子年轻力壮，不比你一个老头子强！"

"那咱们就比试比试？怎么样？敢不敢？"爸爸把那张健身卡拍在了小凯面前，挑衅一般地看着小凯说。

"比就比，谁怕谁！"小凯一把拿起了健身卡，说道，"明天健身房见。"

　　从这以后，小凯学习以外的时间几乎都被爸爸占用了，爸爸自己锻炼得起劲儿，也不放过小凯，每次都把小凯累得回家倒头就睡。令小凯奇怪的是，虽然每次都很累，但是睡一觉醒来后，除了肌肉酸痛外，精神倒是很旺盛，这令他的听课效率提高了不少。

　　人一旦有了一些进步，就有了前进的动力，小凯就是这样。当他把精力都放在了学习和健身上时，他忽然发现自己对网络世界不再那么痴迷了。

＞沟通笔记

　　"水击石则鸣，人激志则宏。"父母引导孩子，但孩子不愿意接受时，刺激一下孩子，或许就能唤醒他们的自尊心和荣誉心，让他们能够变得"顺从"起来。不过激将法虽好，却不能贪多。对于同一个孩子，激将法也不可常用，偶尔使用效果才佳。

亲子"谈判"时，避免被孩子牵着鼻子走

有人说，教育孩子的过程其实就是一个不停地与孩子"谈判"的过程。这话很有道理。随着孩子不断长大，他们开始有了自我意识和自己的想法，不会再像小时候那样，全部听从父母的。此时，父母若是一味想用过去常用的方法去解决"孩子的问题"，效果往往不尽如人意。

⊙ 沟通误区

上了初中后，小智最好的朋友选择了出国念书，这让小智很是羡慕，想到自己家庭条件也不错，出国的费用父母应该也负担得起，于是小智回家后就对父母提出了出国念书的要求。

"爸爸妈妈，你们看看我这次的考试成绩，你们说我这以后可咋办呀？估计考高中是费劲了。"小智拿出刚发下来的成绩单给爸爸妈妈看。

爸爸妈妈一看那平均不到 60 分的成绩单，气得哭笑不得，明明应该是他们问的问题，反而从小智的口中先说了出来。

爸爸指着成绩单问道："就这成绩你问我们怎么办？你说怎么办？难不成我们替你学去呀？"

"我倒是有个办法，"小智不紧不慢地开口道，"要不你们送我出国吧，去日本或韩国，泰国也行，这些国家的学费比较便宜。你们要是舍得花钱，送我去美国也行。我在国外的学校念几年，回来就是'海归'，到时候就不怕找不到工作了。"

　　"你真是异想天开！"听了小智的话，爸爸忍不住脱口而出地教训道，"你以为出国那么容易呢？国外多乱你知道吗？花钱又多又不安全。你就好好地在国内念书得了，想出国？等长大以后再说。"

　　"可是，你让我在国内待着就是在耽误我，也许我的大好前程就断送在你们手里了。"小智不满地说，他觉得爸爸妈妈不愿意送他出国是因为害怕花钱。

"你说什么？你说我们耽误你？你给谁学习呢？"爸爸气得一声比一声高，如果不是妈妈在一旁拉着，巴掌可能就打在小智脸上了。

后来，小智虽然没敢再提出国的事情，但是也不愿意把心思花在学习上了。

⊙ 现场指导

在与孩子谈判的过程中，父母经常会遇到孩子与自己进行"讨价还价"的情况，此时父母若控制不住自己的情绪，谈判就会演变成一场亲子大战；而如果父母一味让步，就会在谈判的过程中被孩子牵着鼻子走。

那么，在能够控制自己情绪的情况下，父母怎样才能避免被孩子牵着鼻子走呢？

这就要求父母在谈判之前，首先在自己的内心里进行一次"演习"，在"演习"中将自己的情绪调整到最佳状态，这样才能在接下来的谈判中使用最恰当的语言和态度。其次，父母要事先设置好底线，以免孩子提出超出范围的要求时无从应对。有了底线后，对于谈判中孩子提出来的附加条件，父母才不会轻易做出承诺。父母若没有设置底线，尤其是没有是非善恶方面的防御点，就会一味地妥协、忍让，从而有可能促使孩子养成任性、自私、善恶不分的个性。

同时，在亲子谈判的过程中，父母要始终坚持自己的原则，无论孩子如何"讨价还价"，父母的注意力都要集中在那些希望孩子做出改变的行为上，这样思想才不会被孩子带"跑偏"，才能全身心地去说服孩子。父母对"为什么要求孩子这么做"解释得越具体、越明白，孩子就越能在交谈中了解到父母的真实想法，从而在一次次的交涉中被父母说服。

和孩子谈判，在一定程度上能够练就父母的耐心，因为可能一两句话并不能立刻改变孩子的观点和行为，父母需要在整个过程中都保持着足够的警惕性，在坚守底线的情况下，随时更改策略，最终达到与孩子协商一致的目的。

> 典型事例

上了高中后，小帅的成绩一直处在班级倒数的位置。因为成绩不好，在学校里愿意跟小帅一起玩的也大多是成绩垫底的那些同学，小帅对学习的热情也变得越来越弱。

新学期开学，一个跟小帅玩得很不错的男孩子选择了退学，原因就是既然学习成绩不好，与其在学校里浪费时间，不如去学一门技术，将来也好有个一技之长，能够在社会上立足。到了职业技术学校上学后的小伙伴，常常跟小帅联系，告诉小帅职业技术学校里有多好，学习任务也不那么繁重，每天都过得既轻松又快乐。

小帅听了心里也涌起了退学的冲动，并向父母提了出来："爸爸妈妈，我不想上高中了，我想去学个技术。"

小帅的话让爸爸妈妈感到很吃惊，虽然孩子的成绩差，但是他们从来没有放弃过，没想到孩子自己却先选择放弃了。爸爸看了看小帅那副认真的表情，知道他不是说着玩的，心里便对这个问题重视了起来。爸爸认为，无论如何不能让孩子退学，孩子的未来有无数种可能，只有坚定不移地在学习这条路上走下去，才能够有更多的可能性。再说了，就算最后成绩依旧不理想，那时候再去学技术也不晚。

在内心打定了主意后，爸爸开口问道："你为什么想要学技术呀？"

"我朋友去学技术了，他说技术学校很好，学业又不重，还能学到技术，上两三年学，就能出来打工挣钱了。"小帅一五一十地说道。

听到这里，爸爸已经基本上摸清了小帅内心的想法，心里松了口气，说道："这倒也不错。只是爸爸觉得你现在就去学技术有些太早了。你现在的年龄更适合待在学校里好好学习文化课，只有把文化课学好了，你将来才能有更大的作为。"

小帅反驳道："可是我就考那么几分，还能有什么大作为？你们要是不让我去学技术，我也不会好好学习的，到时候我还是要去学技术，早学晚学不都是要学？"

妈妈听了，内心动摇起来，心想："不如就答应他算了，这样孩子高兴了，父母也不用这么操心了。"

但爸爸依旧坚守自己的底线，他摇了摇头说："不一样。你坐在教室里一天，哪怕学会了一道题，认识了一个字，你就会比现在辍学强那么一点点。你想学技术可以，爸爸也支持。但是你得让爸爸看到你学习的本事。你没有学习的本事，即使去学技术，也不见得能学好。你需要用文化课来证明，证明只要你用心了，你就什么都能学好，这样我才能放心地送你去学技术。"

听到爸爸同意自己去学技术，小帅也就接受了爸爸提出的条件。当他真的开始用心读书的时候，他发现书本上的知识其实也不是那么枯燥无味。渐渐地，小帅竟燃起了学习的热情，再也没有提过要去技校之类的话。

◉ 沟通笔记

很多家长在与孩子就某一个问题进行"谈判"时，总是会陷入一个误区，认为跟孩子"谈判"就是要争出个是非曲直，论出谁对谁错。其实，与孩子"谈判"的真正目的，是让亲子关系更上一个台阶，增进彼此之间的了解。因为只有相互了解，才能使彼此之间的沟通更加顺畅。

同时，父母一旦掌握了与孩子"谈判"的技巧，不但能够在引导和劝说孩子方面如有神助，还能够用"谈判"来开启孩子对人生的思考，让孩子在家庭的内部"谈判"中学习对外交往的智慧。

说服不了孩子时，试着讲个故事

面对孩子身上存在的"缺点"或"不良习惯"，一次次的说教实际是在提醒：他们存在的不足之处如此受重视，反而会强化孩子的行为。如果父母要改变孩子的某个弱点或不良习惯，不一定都要对孩子进行说教，说教太多孩子听不懂，就算听懂了也接受不了。这时，不妨试试用孩子最喜欢的方式——讲故事，来与孩子沟通交流一下。

⊙ 沟通误区

雨彤长得很漂亮，从小身边的人就说："长这么漂亮，以后去当大明星吧。"大人或许只是不经意的一句话，但孩子在心里播下了种子。

从上小学起，雨彤就成了追星一族，经常通过各种途径收集自己偶像的照片之类的。上了中学以后，雨彤的追星之路变得更加疯狂了。得知自己的偶像要到自己所在的城市参加活动时，雨彤不惜逃课前往，就为了在人山人海中远远地看一眼偶像。

雨彤逃课的事情被老师告到了妈妈那里。妈妈怒气冲冲地指责雨彤道："你现在是个学生，主要任务就是学习，你天天抱着明星的花边新闻看，能提高你的成绩吗？"

雨彤却对妈妈的话不以为然，回答道："陈阿姨说了，我长得漂亮，以后可以靠脸吃饭，不用学习都行。好多明星虽然没有上过大学，但是他们一样可以挣很多钱呀！"

妈妈竟被雨彤反驳得无言以对，只能感叹现在的孩子越来越不好管了。

> 现场指导

现在的孩子跟以前的孩子有很大的不同，过去的孩子接触信息的途径少，所以对社会了解得也很少。如果说过去的父母吃的盐比现在的孩子吃的饭都多，那么现在的父母吃的盐，并没有比孩子吃的饭多多少，因为孩子可以通过各种途径去了解这个世界，不仅仅局限于父母给他们灌输的内容。

因此，孩子在很多问题上已经形成了自己的认知和见解，并且他们认为那就是对的，还会认为父母之所以不理解，是因为父母已经落伍了。这个时候，父母再对孩子进行说教，不但容易让孩子反感，而且即使孩子表面服从，内心也是抗拒的，无法达到引导劝说的目的。

孩子小时候都喜欢听故事，但有的家长认为孩子长大以后就对故事不感兴趣了。事实上，故事对孩子永远都具有吸引力，只是不同年龄段的孩子需要不同层次的故事来引导。小孩子多喜欢听童话和寓言故事，而大孩子则喜欢听名人故事，最好是讲他们崇拜的人的故事。

想要通过讲故事达到说服孩子的目的，父母就不能照本宣科，要学会用情绪去渲染故事气氛，比如，在讲述主人公的苦恼时，宜放缓语速，让孩子有时间细细品味其中的感受；在故事的特定阶段或转折处，可以稍稍停顿，让孩子有时间预想即将发生的事情。这样的讲故事方式，才能将孩子带入故事情节中。

美国当代儿童心理学家劳伦斯·沙皮罗认为，故事是影响孩子思维的最好方式。每个孩子都爱听故事，故事是孩子最乐于接受的形式之一。每一个故事都有着深刻的意义，孩子在感受趣味的同时，也可以在潜移默化中启迪心灵、陶冶情操，形成良好的习惯。

> **典型事例**

沫沫学钢琴七年了，已经考过了五级，越往后学习钢琴的知识越难，而且上了初中以后学习越来越繁忙，沫沫动了放弃学琴的念头。

妈妈觉得学了这么多年钢琴放弃了很可惜，便劝沫沫道："你都已经考了五级，就这么放弃有点太可惜了，继续往下学吧。"

沫沫噘着嘴回应道："越往后学越难，本来功课就多，我还得抽出时间来练琴，我们班好多同学把兴趣班停掉了。"

妈妈知道，这个年龄的孩子受周围因素的影响，远远大于父母给他的影响，便没有再多说什么，想着找机会再谈。这天吃完饭，又到了沫沫最喜欢看的综艺节目了。妈妈随便瞟了一眼，看到了节目里的导师，正好是自己年轻时代的偶像——周杰伦，妈妈立刻心生一计。

　　妈妈来到电视前，指着电视里的周杰伦故作惊讶地说："这不是周杰伦吗？他的每张专辑我都有。"

　　"妈妈，你以前也追星吗？"沫沫感到很惊讶。

　　"我们那个年代很少有人不喜欢周杰伦的。"妈妈解释说。

　　"我也觉得他唱歌挺好听的，好几个人都想要当他的学员呢！"沫沫一脸崇拜地说。

　　"那是，人家4岁就开始学钢琴了，每天坚持练琴两个小时。当时，他也不想练，他妈妈就拿着棍子站在他身后，只要他不好好练琴，就用棍子打他，就这样他坚持了下来。后来进了音乐公司，他用短短三天时间就写出了100首歌，只不过那时候他不红，他写的歌没有人愿意唱，最后他就自己唱，一下子就唱红了。红了以后，记者采访他时，他说他最感谢妈妈曾经逼着他学钢琴，如果不是妈妈的付出，他可能一事无成。"妈妈说完，意味深长地看着沫沫。

　　沫沫缩了缩脖子，问道："妈妈，你不会也要学习周杰伦的妈妈吧？"

　　妈妈笑着说："不会，不会。妈妈就是想告诉你，无论学习什么技能，你在学习的过程中都有遇到困难的时候，关键就在于你能不能坚持下去。就跟周杰伦一样，他也有被妈妈逼着学的时候，但他坚持下来了，你看人家成导师了。"

听到妈妈不是要打她，沫沫放心下来，仔细想想妈妈说的话，沫沫觉得挺有道理的，于是决定再坚持一段时间试试。

⊙ 沟通笔记

故事给予孩子的不仅仅是一种娱乐，更主要的是它有一种很重要的启迪作用，能在不知不觉中锻炼孩子的心智，塑造孩子的人格。故事是一种语言，是一种情感，是一种绘声绘色的表演。故事里面不仅有道理，还有知识、生活中的好习惯等。父母在亲子沟通中，如果能够深入浅出地讲述一些相关的故事，一定能有效地引导孩子的成长和发展，达到良好的教育沟通的目的。

有的话不必明说，积极的暗示就管用

苏联教育家苏霍姆林斯基说过："任何一种教育现象，孩子在其中感觉到教育者的意图越少，它的教育效果越大。"

那父母要怎么做才能让孩子在无形中受到教育呢？有一种很简单的做法，就是暗示。不过暗示分为正面暗示和负面暗示，父母在使用过程中要注意，只有积极的正面暗示才能让孩子有所启发。

　　静静快要小考了，妈妈看着静静每天一副毫不在意的样子，心里很是着急。这天，静静写完了作业，就打开电视看自己最爱的综艺节目。妈妈回到家看到静静正在看电视，感到十分生气，心想：都这种时候了，怎么还有心思看电视呢？

　　妈妈瞪了一眼静静说："就你这样，天天写完了作业，也不知道复习复习，就知道看电视，你能考上好中学才怪！"

　　静静听了，心里很不是滋味，看了妈妈一眼就默默地关了电视。虽然她人坐在了书桌前，脑子里却依旧想着刚刚看的节目内容。同时，静静有些埋怨妈妈，她觉得妈妈一点儿也不信任她，还没考试呢，就说她考不好。

几天以后，学校进行了一场摸底考试，成绩下来后，静静的成绩在班里排名中等。看到这个成绩，静静忽然想到了妈妈那天说她的话，她突然觉得妈妈或许说得对，也许她真的考不上一个好初中了。

静静回到家，妈妈看到成绩单后很生气，说道："我说什么来着？就你这成绩，还想上好初中，有学校要你就不错了！一天到晚脑子里惦记的不是学习的事，能考出好成绩才怪呢！"

妈妈的一番指责并没有让静静意识到自己的问题，反而让她觉得自己就这样了，反正现在是九年义务教育，自己总是会有学上的，实在不行毕业就去打工。

⊙ 现场指导

明明是想要引导孩子好好学习，但是说出口的话却是句句在告诉孩子她学不好。这是很多父母在亲子沟通的时候经常会犯的错误，一些带有负面暗示的语言，总是在不经意间就说出了口。

那些带有负面暗示的语言，会让孩子放弃努力，自甘堕落，认为自己已经无法变得更好了。因此，当父母希望孩子在哪一方面能够做得更好时，千万不要用带有负面暗示的语言对孩子说话，否则孩子真会"如你所愿"，越变越差。

在沟通中给予孩子正面的积极暗示，会得到完全不同的结果。爱迪生上学时被老师退学，老师留了字条给他的妈妈，告诉她爱迪生有精神缺陷，不适合上学。但是妈妈却对爱迪生说，他是一个天才，没有老师能够教好他，所以需要妈妈亲自教导。在妈妈积极的心理暗示下，爱迪生努力学习，刻苦钻研，发明了电灯泡等，成为最伟大的发明家。

无法想象，如果爱迪生的妈妈接受了老师的观点，告诉爱迪生实情，会是怎样的结局。人类历史上会不会就此少了一个伟大的发明家？这就是积极暗示的力量，父母常跟孩子说"你会……""你能……""你是……"这样带有正能量的语言，就是在告诉孩子，他是一个很棒的孩子。而相信自己很棒的孩子，会对自己充满信心，无论做什么事情，都相信自己能够做好。

> 典型事例

期中考试的成绩下来了，玲玲又没有考好。看着试卷上的86分，玲玲想要找个地缝钻进去。上一次没有考好，她已经向妈妈保证过了，下次考试一定要上90分，然而她没有做到。

当玲玲哭丧着脸走进家门时，妈妈就知道玲玲一定没考好。妈妈很想说："都六年级了，要多把心思用在学习上，少看电视和手机，要不怎么能考出好成绩呢？"但是这些话妈妈已经说过很多次了，别说玲玲了，就连她自己都觉得自己像唐僧一样招人烦了。

可是，不这样说，又能怎样说呢？就在妈妈思考对策之际，玲玲说话了："妈妈，对不起，我这次又没有考好，你骂我吧。"说完，低垂着脑袋站在妈妈旁边，准备接受"暴风雨"的来袭。

看着玲玲沮丧的样子，妈妈不忍心再打击她了，心里那些指责玲玲的话，变成了指责自己。"本来你一进门就能吃上热乎饭的，结果你看妈妈给耽误了。原因就在于妈妈回家以后，没有先洗菜做饭，而是先坐在沙发上看了一会儿手机，这一看就看上瘾了，时间过去了一个多小时都没有意识到。妈妈就在想呀，这时间真是不等人呀，它不会因为妈妈一会儿还要做饭，就在妈妈看手机的时候让指针走得慢一点儿。看来，下次回了家妈妈不能先看手机了。"

面对妈妈这番"答非所问"的话语，玲玲当即就反应了过来，她说："妈妈，我错了。从今天起，你来监督我，只要我看手机或是电视超过半个小时，你就给我关掉。我要少看电视，把时间用在看书上。"

妈妈看到玲玲的反应，乘胜追击："你呀，从小学东西就特别快，只要你肯多花些时间在学习上，妈妈相信没有你学不会的。"

听了妈妈的话，玲玲重重地点了点头。

⊙ 沟通笔记

除了语言暗示，暗示的方法还有很多，比如行动暗示，文字、故事暗示，环境暗示等。只要父母放弃传统的说教，在与孩子沟通时讲究一点儿暗示的艺术，与孩子玩一玩"心理游戏"，就可以使他们乖乖地"听话"，相信自己本就很好，并且还可以做得更好，从而自觉主动地改掉自身存在的毛病。

第五章

即便是聊天，孩子也需要父母的尊重

在亲子沟通中，父母与孩子之间的相互尊重是有效探讨问题的前提。如果双方能够用平等的方式沟通问题，不乱发脾气，态度不恶劣，即便有些不同意见，也能很快协商一致。

因为相互尊重的相处模式会产生一种健康的交流状态，可以让亲子双方在平等的位置上相互了解，减少彼此间的分歧、误解、猜疑，甚至是对立，从而不断缩短孩子与父母之间的距离，让两代人之间的代沟逐渐弥合。

因此，育儿专家建议父母要学会在沟通中将孩子置于平等的位置上，并且给予孩子足够的尊重。如果父母能够做到尊重孩子，那么亲密的亲子关系就会长久地持续下去，即使孩子长大成人后，也会跟父母保持亲密联系。

管住嘴巴，不要把孩子的隐私说出来

进入青少年时期后，孩子的自我意识、自尊意识进一步增强，原先敞开的心扉渐渐关闭。他们渴望有独立的、受社会和家庭尊重的人格，于是很多孩子开始有了自己的"小秘密"。

对此，有的父母处之泰然；有的父母则会坐立不安，想办法窥探孩子藏起来的"秘密"；更有甚者，会当众将孩子的"秘密"抖搂出来。殊不知，这会让原本就已经对父母失去倾诉欲望的孩子紧闭心门。

⊙ 沟通误区

上了初中后，雯雯有好多话不愿意跟妈妈说了，他更愿意将自己的心事写进日记里。

有一次，雯雯的数学小测验只考了 37 分，他心里很难受，想告诉妈妈，但一想到这样只会招致妈妈一顿数落，便将难过的心情和糟糕的分数都写进了日记里。

过了几天，妈妈带雯雯去姥姥家吃饭，同桌吃饭的还有小舅舅一家。饭桌上，舅妈说起了自己家孩子的成绩，舅妈说："豪豪这次才考了 70 多分，把我气坏了。"

妈妈听了，"哼"了一声说："70分不错了，比我们家雯雯强，我们家雯雯才考37分！"

妈妈的话就像一道闪电劈中了正在吃饭的雯雯，雯雯觉得口中的饭菜瞬间失去了滋味。

"妈，你怎么能偷看我的日记呢？还要当着别人的面说出来？"雯雯夹杂着哭腔问妈妈。

妈妈却不以为然地回答说："我要是不看你的日记，还不知道你就考这么几分呢！你要是觉得丢人的话，就好好学习，别成天脑子里净琢磨些没用的。"

听了妈妈的话，雯雯再也吃不下去饭了。回到家，雯雯就将日记本撕得粉碎，并决定以后再也不写日记了。

⊙ 现场指导

父母关心孩子，渴望了解孩子的一切，这可以理解。但是随着孩子的成长，父母要逐渐接受一个事实，那就是父母与孩子之间的爱，是唯一指向分离的爱，孩子不可能永远生活在父母的掌控之中，他们总有一天会拥有自己的秘密和隐私。

若是父母以"负责""关心"为由，想方设法窥探孩子的秘密和隐私，不但不会让孩子感受到丝毫的关爱，还会引起孩子的反感，若是父母不注重保护孩子的秘密和隐私，就会对孩子的心灵造成严重的伤害。

如果把孩子的自尊心比作花瓶，那么隐私就是瓶上的细小裂纹，父母随便暴露孩子的隐私，甚至当众宣扬，无异于在敲打这个有裂纹的花瓶，把孩子的自尊心敲碎，让孩子无地自容。

事实上，父母以"了解"孩子为由，想方设法打听孩子的隐私和秘密，希望孩子的一切行为都在自己的掌控之中的表现，并不是关心孩子、对孩子负责的体现，而是反映出父母对自己的教育没有信心的一面，也反映出父母在教育子女的过程中内心产生了焦虑和不安。

面对孩子的"有事相瞒"，父母先不要感到焦虑，而是要具体问题具体分析。事实上，了解孩子行为背后的真正动机，要比了解孩子究竟有什么秘密更加重要。

有的孩子选择隐瞒父母，是为了维护自己的自尊，不愿暴露自己的缺点。对此，父母应注意保护孩子的自尊心，多肯定孩子的成绩，不讽刺、不挖苦孩子，并以建议的方式指出孩子的缺点，耐心帮助孩子。

有的孩子因为性格内向，少言寡语。他们保守"秘密"，往往并非有意的，多半与羞怯、腼腆、被动的个性有关，因而，父母应耐心疏导，培养其活泼开朗的性格。

有的孩子选择隐瞒父母，是因为他们只是为了坚持自己，不想自己的行为或想法受到父母的阻挠或干扰，对此，父母应以民主的态度，满足孩子的合理要求，给他们一定的自由。

在亲子关系之中，理解、沟通才是消除代沟的根本途径，并不一定要以牺牲孩子的秘密和隐私为代价。只要是孩子的小"秘密"不涉及道德原则，父母不必追究，也无须揭穿，应允许孩子有自己的"秘密"，孩子只有充分感受到来自父母的尊重，才会愿意渐渐对父母敞开心扉。

加拿大教育家马克斯·范梅南曾说："家长和老师引导孩子或学生走向成年的唯一恰当的途径，就是不要刨根问底地了解孩子内心在想些什么，不去了解孩子们到底在做什么，否则的话，孩子的个性就很难真正发展。"

▶ 典型事例

期末考试结束后，小华得知自己的成绩不好，内心很焦虑。因为小华会跟着爸爸妈妈一起回老家过年，家里的七大姑八大姨都有小孩子，到时候人家要是问起自己的成绩，那不是太丢人了？想到被众人指指点点的样子，小华宁可一个人留在家里过年。

面对小华这个糟糕的成绩，妈妈自然也很不开心，一连几天脸上都没有笑容。转眼间，就到了过年的日子，小华对妈妈说："妈妈，咱们能不能不回老家呀？"妈妈听了惊讶地问："为什么呀？你之前不是一直盼着回老家吗？"

"回去以后他们肯定要问成绩，我这次考得不好，怕大家笑话我。"小华实话实说道。

妈妈听了，说："放心吧，妈妈会替你保守这个秘密的。"

就这样，小华怀着忐忑的心情跟着爸爸妈妈回到了老家。果然不出小华所料，简单的寒暄过后，大人们就开始聊起孩子的成绩。大姑家的孩子学习最好，所以大姑第一个发言，那神情别提多骄傲了。接着就是小叔叔，他家孩子常年在班级里倒数第一，跟他家孩子比起来，小华的成绩还算优秀呢！

轮到妈妈时，小华的心立刻紧张了起来，他生怕妈妈背弃之前的诺言。只见妈妈笑着说："我们小华这次考得不太好，为此他感到很懊恼，不想把成绩说出来，我答应替他保密，所以不能说。"

姑姑、叔叔一听，立刻心领神会地点了点头，因为姑姑、叔叔不知道小华具体的分数，所以也没有对小华进行"点评"，小华的一颗心总算放下了。

事后，小华对妈妈说："妈妈，谢谢你给我保密，我下学期一定好好学习，考个好成绩出来。"

> ⊙ 沟通笔记

对于正在成长中的孩子而言，"秘密"就是他们成长的养料。如果发现孩子有了自己的"秘密"，父母应该感到高兴，这意味着孩子自我意识的萌生，他想拥有自己独立的空间。拥有"秘密"是孩子迈向独立和成熟的必经之路。

　　父母若是想要与孩子之间建立更加牢固的亲子关系，就不要尝试去窥探孩子心底的"秘密"，知道了孩子的"秘密"后，就要帮助孩子保守秘密，只有这样，父母才能得到孩子的信任，也才能令亲子关系更加亲密和牢固。

争吵也是一种沟通，但要保持理智

　　在日常交流中，父母和孩子有时候会发生争吵，而在争吵的过程中，父母往往容易把注意力放在"自己是长辈，孩子应该恭敬"上，所以不能容忍孩子顶嘴的行为；而孩子呢，则将注意力放在"尊重和理解"上面，不能容忍父母说出伤人的话。所以，父母和孩子之间一旦发生了争执，双方就会在争吵中逐渐失去理智，使矛盾进一步升级。

⊙ 沟通误区

　　上了初中后，晓峰交了很多新朋友，这些新朋友大部分跟晓峰的情况一样，父母在外打工，平日里缺少父母的照顾。

　　有一天，其中一个叫虎子的男孩把大家带到了一个偏僻的地方，然后神神秘秘地从兜里掏出来一个"好东西"，晓峰一看，是香烟，立刻来了兴趣。每次爸爸回来都会给爷爷买烟，爷爷拿着烟，就像是小孩子拿着糖一样，可高兴了，有时候爸爸给爷爷买来好烟，爷爷还要藏起来，等到家里来客人时才肯拿出来抽。

虎子在众人的催促下，拿出打火机，点燃了一根烟，几个孩子你一口我一口地轮流"品尝"。轮到晓峰时，晓峰猛地吸了一大口，呛鼻子的烟味直冲脑门，他"喀喀喀"地咳嗽了起来，大家见状，都笑话晓峰的窘样，这让晓峰觉得很没有面子。

晚上回家后，晓峰回忆起白天吸烟时的感觉，虽然不怎么好，但是被朋友嘲笑让他心里很不服气，于是等爷爷睡着后，晓峰悄悄打开了爷爷的柜子，将爸爸给爷爷买的烟偷偷拿了一根出来……

大约过了半年之久，晓峰偷烟的事情才被爸爸知道，爸爸将晓峰关在屋子里，本想跟晓峰好好沟通沟通，但是看到晓峰那一副流里流气的样子，气得骂道："你这个小兔崽子，你学什么不好，学抽烟，小小年纪你就不学好！"

晓峰听了，心里很不服气，便反驳爸爸道："你凭什么说我，你和爷爷都抽烟，这就叫'上梁不正下梁歪'。"

这话像汽油一般浇到了爸爸的怒火之上，爸爸抽出皮带，狠狠地抽向了晓峰，并且边抽边骂道："我让你抽烟！让你出去给我丢人现眼！我今天就打死你这个兔崽子！"

晓峰被打得抱头乱跑，爸爸的话让他感到很伤心，他忍不住还嘴道："你打吧，打死我你就没儿子了，看谁给你养老送终！"

"我就当没有养过你！"说着，爸爸抽打得更用力了。

但是打过之后，事情没有得到任何改变，反而让晓峰觉得爸爸已经放弃了他。只要爸爸回家来，晓峰就躲出去，不愿与爸爸见面。不久之后，晓峰就与一些社会上的不良少年混在了一起，不但没有戒掉烟瘾，还学会了撒谎与逃学。

⊙ 现场指导

在亲子沟通中，冲动绝对是魔鬼。而在现实生活中，冲动型的父母却不在少数，只要发现孩子的不足或者错误，张口就骂"你怎么这么没用？""养你这样的孩子，我真是倒了八辈子的霉！"要么就是"你真是一点儿用都没有""笨得跟猪一样"……作为孩子最亲近的人，父母这样的态度会给孩子造成非常大的负面影响。

父母的话会成为负面的心理暗示在孩子心里扎根，让他们认为自己就是父母口中说的那个样子，从而渐渐走上一条偏离正轨的成长道路。在冲动之下说出来的气话，往往不是父母真心想要对孩子说的话，不但白白浪费了沟通的好机会，还会伤了孩子的心。

其实，即便是吵架，也是亲子之间进行沟通的良好时机，因为人在气愤之下，只要理智还在，往往容易将内心真实的想法一吐为快。如果父母抓住了这个机会，就能够听到孩子平时不愿意说出的话。因此，在与孩子发生争吵时，父母一定要保持冷静和克制，用温和的语气和态度与孩子沟通。父母一旦控制住内心冲动，就能够对孩子的行为进行冷静的分析。

◎ 典型事例

小安的爸爸因为工作原因，经常不在家，妈妈有时候工作忙碌起来没时间照顾小安，就会给小安一些钱，让小安自己在外面吃饭。

经常独自去饭店的小安很快就引起了街上小混混的注意，这种形单影只又有钱的孩子，正是他们敲诈勒索的对象。于是，小混混们隔段时间就会出现在小安的学校门口，然后将小安带到无人的地方，让小安交出身上的钱，如果小安胆敢反抗，他们就会狠狠地打小安。

小安不敢声张，悄悄地忍受着一切。没了钱，小安也不敢跟妈妈要，只能饿着肚子去上课。后来小混混们的"胃口"越来越大，要的钱也越来越多。小安为了不挨打，开始偷家里的钱，偷不到钱就偷爸爸珍藏的酒和烟去给小混混。

很快，小安偷东西的事情就被爸爸妈妈知道了。爸爸气得火冒三丈，扬起手想要抽小安，小安见状，边躲边冲着爸爸喊道："你打吧，你打死我吧！反正你们平时也不管我的死活。"

小安的话像一盆冷水，将爸爸从头浇到脚，让爸爸渐渐冷静了下来。看着眼前明显比同龄人瘦小的儿子，爸爸怎么也不愿意相信孩子会学坏，于是平静地问道："妈妈给你的钱不够花吗？"

小安点了点头，又摇了摇头。爸爸虽然不知道小安什么意思，但是他感觉到了事情并不像他表面上看到的那么简单，毕竟小安从小就是乖孩子，十分善良和懂事。

想到这里，爸爸决定打出"亲情牌"来诱导孩子说出实情。"小安，爸爸得先跟你道个歉，爸爸平时工作忙，疏于对你的照顾，对此，爸爸心里一直很内疚，你变成今天这样，爸爸有不可推卸的责任……"

爸爸的话还没有说完，小安的眼泪已经忍不住了，他觉得错的人是那些小混混，不是爸爸。于是小安打开了心扉，一五一十地将事情和盘托出。爸爸听后既气愤又愧疚，同时也很庆幸自己保持了理智，没有被气愤冲昏了头脑将那一巴掌打下去。

⊙ 沟通笔记

著名教育家陈鹤琴认为，孩子幼小的心灵极易受到挫伤，任何粗暴武断的教育方式都是不合时宜的，只有用温和的方式，才能走进孩子的心灵。如果父母希望孩子将来有出息，一定要谨慎地把握好自己的态度和言辞，尤其是在与孩子争吵的时候，无论多么生气，都要保持理智，从正面去积极教育，让孩子能够在健康和愉快的气氛中茁壮成长。

父母也会犯错，错了就要道歉

有句话是"天下无不是的父母"，这句话的表面意思是世上做父母的没有不对的，但深层意思却是为了告诫孩子，要尊敬父母，恪守孝道，即便父母有做得不对的地方，也要宽容和理解，不要计较他们的错误。

但很多父母只理解了这句话的表面意思，在与孩子日常交流中，始终将自己置于"正确"的位置上，一旦谈话内容出现分歧，就认为自己是对的，孩子是错的。事实上，人非圣贤，孰能无过？

⊘ 沟通误区

这天吃过晚饭后，年年和爸爸妈妈坐在一起聊天，聊到了交朋友的话题时，年年说："我们班的陈桐特别讲义气。有一次，我们几个人不小心把车棚里的车子碰倒了一片，正好被班主任抓了个正着，我们都怕被班主任惩罚，谁也不敢吭声，只有陈桐站了出去，把过错都揽在了自己的身上。后来他被罚站，在班主任的办公室门

133

口站了两节课，他说他站得腿都酸了。我太佩服他了。"

　　妈妈似乎对陈桐这个孩子有印象的，因为偶尔他会来找年年玩，于是便问道："是不是那个经常穿奇装异服的男孩子？"

　　年年想了想，点了点头。陈桐确实喜欢穿一些与众不同的衣服，比如宽大的 T 恤、长到拖地的牛仔裤。

　　得到了年年的确定后，妈妈有些生气了，认为外表流里流气的陈桐看起来就不像是好孩子，身上没有值得年年学习的地方，便说道："他有什么好敬佩的？看起来就像是纨绔（妈妈说成了zhí kuā）子弟，你可别跟他学，最好离他远一点儿。"

年年觉得妈妈并不了解自己的朋友，却对自己的朋友指手画脚，这样做很不对，便忍不住说道："你凭什么这么说我朋友呀？你自己也没有好到哪里去，都把'纨绔'（wán kù）两个字说成了 zhí kuā 了。"

一旁的爸爸听了，笑着对妈妈说："你还大学生呢！怎么字都不认识呢？"

年年和爸爸的话，让妈妈的脸上有些挂不住了。

"我就是故意说错的。再说了，他看起来就不像是个好孩子，说说他怎么了？我说他不好，是为了你好，怕你学坏，你怎么就一点儿也不理解妈妈的良苦用心呢？"妈妈指着年年说道。

看着妈妈的样子，年年不再吭声了。他觉得妈妈就是老顽固，根本无法沟通。

＞ 现场指导

中华民族是一个讲究孝道的民族，父母对孩子有生育之恩，并认为生育之恩大过天，孩子为了报答这份恩情，就要孝顺父母，而有的人认为孝顺的表现形式之一就是无条件地服从。

但孩子是一个独立的人，不是父母的附属品。他们有自己的思想与认知，随着年龄的增长，他们的想法会与父母产生极大的差异，甚至是背道而驰。一些父母常常以"过来人"的身份，认为自己所说的都是经验所得，而孩子只有听自己的才能做对，并"霸道"地认为父母永远是对的，孩子永远是错的。

有的父母就算知道自己做错了，为了面子，也不会放下身段给孩子道歉；但如果情况相反，做错的是孩子，则必须向父母道歉才可以。因为在有的家长的观念中，父母是权威的象征，认错就会丢面子，会失去权威。

"天下无不是的父母"，难道天下就全是犯错的孩子吗？如果用这样的观念与孩子进行沟通，那么就不要怪孩子不愿意与父母聊天说话了。作为新时代的父母，必须要认识到在人格上家长与孩子之间是平等的，孩子会犯错，父母也会犯错。孩子犯了错，要向父母说声"对不起"；父母错了，也要向孩子说声"对不起"。

父母能做到郑重地向孩子认错、道歉，会让孩子由衷地敬佩父母的气度和修养，从而更加信任自己的父母，还能让孩子懂得承认错误并不是一件可耻的事，每个人都有可能出错。此外，孩子还能够学习到父母勇于道歉的行为，采取同样的态度来面对他人，成为一个受人欢迎的人。

＞ 典型事例

晓晓的妈妈在给晓晓收拾房间时，发现晓晓的书桌下面藏着一个游戏机，这让妈妈感到十分气愤，她拿起游戏机直接扔进了垃圾桶。

晚上，晓晓放学回来后就一头钻进了房间里，过了一会儿又出来了，直接质问妈妈："妈，你是不是给我收拾桌子了？我桌子下面那个黑色的塑料袋你给我放哪儿了？"

晓晓的质问让妈妈十分生气，妈妈认为自己还没有找他算账，他倒自己找上门来了，那自己就好好教训教训他，于是便回答说：

"我扔了。"

"什么？谁让你乱扔我的东西的？"晓晓生气地吼着。

"你那是什么东西？是游戏机！我不给你扔了，难道还留着让你偷偷玩吗？你才多大呀，就开始玩物丧志，你能不能学点好呀？"妈妈指着晓晓喊道。

晓晓被妈妈的话气得胸脯剧烈地起伏着，他喊道："你扔之前至少问问我吧，你根本就是不信任我。"

"你都偷偷打游戏了，还让我怎么信任你？"妈妈也喊道。

"我没有偷偷打游戏！那不是我的游戏机，是我帮别人拿的。现在你扔了，别人跟我要，我拿什么还给人家呀？"晓晓说完，气鼓鼓地回到自己的房间，关上了门不再出来。

过了一会儿，爸爸回来了，察觉到了家里异常的气氛，爸爸向妈妈问明了原因后，对妈妈说："你去给孩子道个歉吧，这件事是你做得不对。"

妈妈听了有些为难，说道："我也知道自己做得不对，但让我跟一个孩子道歉，那多丢人呀！"

"'知错能改，善莫大焉'，勇于道歉才不丢人，丢人的是明知道自己错了，还不愿意道歉。"

听了爸爸的话，妈妈来到了晓晓的房门外，轻轻地敲了敲房门，说道："晓晓，妈妈向你道歉，这件事情是妈妈做得太武断了，既不相信你也没有尊重你，你能原谅妈妈吗？"

妈妈的话音刚落，晓晓就打开了房门，冲妈妈伸出一只手，然后在妈妈诧异的目光中说道："给钱呀，我得去买一个新的赔给人家。"

妈妈连忙笑着拿出了钱包，她知道晓晓已经原谅自己了。

⊙ 沟通笔记

如果父母总是因为放不下面子而坚持不承认自己的错误，让孩子蒙受冤屈，这不仅会给孩子带来莫大的伤害，而且会让孩子陷入迷茫之中，产生"父母永远正确而实际上老是出错"的观念，久而久之，孩子对父母正确的教诲就会置之脑后。

美国教育家斯特娜夫人说："一个勇于承认错误、探索新的谈话起点的父母，远比固执、专横的父母要可爱得多。"其实，在孩子面前，父母不需要去做一个十全十美的人，在孩子眼里，勇于说"对不起"的父母才是他们愿意亲近的对象，也会让他们更加尊重，从而使亲子沟通进一步融洽。

孩子也有权"参政"，有必要听听他们的意见

在亲子沟通中，有一个很有趣的现象，那就是很多父母热衷于询问孩子的意见，但是却从来不尊重孩子的意见。比如：

妈妈问孩子："中午吃什么呢？"

孩子回答："我想吃比萨。"

妈妈说："比萨上的芝士太多了，热量超高，吃了会变胖，你

已经很胖了。"

于是孩子说："那我想吃汉堡。"

妈妈会说："那玩意儿多没有营养啊，一个面包，夹那么一点点蔬菜，根本达不到营养所需。你应该多吃点蔬菜，补充维生素，我看还是吃炒菜吧。"

孩子不情愿说道："我不想吃炒菜。"

妈妈则回应道："就吃炒菜了，别挑三拣四的。"

表面上是妈妈一直在征求孩子的意见，实际上则是一直在否定孩子的意见；表面上看是允许孩子说"不"，实际上则不允许孩子提出与自己不同的意见或是建议。

> 沟通误区

小考结束后，成绩不错的昕昕面临着择校的问题。昕昕想要选择市里的私立学校念书，因为那里环境好，很多同学选择了那里。但是妈妈想要昕昕选择本地的重点中学，因为"六年一贯制"可以让欣欣从初中直升高中，免去了中考失误的风险。

眼看着报名的时间越来越近，到底去哪个学校报名成了母女俩每天茶余饭后必谈的内容。

妈妈问："昕昕，你想好了吗？"

昕昕点点头，说："我想去市里的私立学校，听说校园是刚建好的，特别大，特别好。"

妈妈说："校园虽然好，但是去那里念书你就得住校，你还这么小，妈妈不放心。"

昕昕回答：“没事，我好多同学打算报那里，我们可以相互照应。”

　　妈妈又说：“可是私立学校哪里有公立学校好呀，最好的师资力量都在公立学校。”

　　昕昕听了，说：“才不是这样呢！我同学说，现在的私立学校比公立学校办得好。”

　　妈妈继续说道：“就算是教学质量没问题，你也得考虑考虑自己的水平呀。你的学习成绩一直不稳定，虽说你这次小考成绩不错，但是有运气的成分在里面。万一你中考发挥失利了，那你再想进咱们这儿的重点高中可就进不来了。”

妈妈对自己的不信任让昕昕很伤心，她忍不住冲妈妈喊道："你说话一点儿都不算数，说是问我的意见，但是我说了你又不听，你每次都是这样！"

妈妈也生气了，指着昕昕说："我这不是为了你好吗？怕你做出错误的选择。"

最终，母女俩的谈话不欢而散。

＞ 现场指导

父母询问孩子的意见，目的是了解孩子的想法，并且在合理范围内尊重孩子的想法，而不是为了做做样子，询问过后依旧坚持己见。

可能父母认为孩子不够成熟，所以总以为事事代替孩子做出选择是为了孩子好，但在孩子看来，这只是父母一厢情愿的想法，不但没有尊重他们的个人意愿，还剥夺了他们选择的权利。

孩子小的时候，确实需要父母处处为其考虑，帮助其做选择。但是随着孩子渐渐长大，他们开始有了自己的看法和选择，对待一些事情也能够提出自己的意见，这是他们正在成长的标志和表现，也是他们成长的需求。

每个孩子都有自己独立的愿望，作为父母不要再牢牢攥着那些"选择权"不放，不要再把自己的意愿强加给孩子，更不要表面上询问孩子的意见，但心里却从未想过采纳孩子的意见。

只要孩子的意见没有涉及原则性的问题，父母就应该给孩子充足的自由，让孩子自己做决定。如果孩子事事都被父母否定，父母处处干涉孩子的选择，久而久之，有的孩子就会认为他的想法可有可无；有的孩子便索性听从父母的安排，放弃自己的想法，变得随波逐流；有的孩子可能变得倔强和叛逆，习惯性地与父母作对。

美国篮球明星乔丹的妈妈曾说："在对孩子放手的过程中，最棘手的问题是让孩子去追求自己的梦想，自己做出决定，选择与我为他们设计的不同的发展道路。"父母想要让孩子真正独立起来，就要在沟通中多询问孩子的意见，并认真考虑孩子的想法。

❯ 典型事例

妙妙家准备换一套大房子，周末的时候，全家出动去看房。看完之后，一家人来到一家饮品店边休息边商量哪套房子更好一些。

爸爸说："我比较喜欢第一套，一楼带个小院子，能种些花花草草，就是害怕到了冬天采光不好。"

妈妈说："你这样一说，我更加中意第二套了，离妙妙的学校近，去市场也近，就是小区有点旧了。"

妙妙听了爸爸妈妈的话后，也积极发表意见说："我喜欢第三套，小区里面环境好，而且有一个房间的窗户是拱形的，特别像公主的城堡，我想要住在城堡里。"

妙妙说的这套房，是一个刚开发的小区，优点是环境好、房子新、价格便宜，但缺点也很多，如位置较偏，配套设施暂时没有建起来。

爸爸听了妙妙的话后当即拍板说："那就听妙妙的，选第三套了。我也觉得这套不错，住里面心情肯定好。"

妈妈一听有些着急，说道："买房子这么大的事，怎么能够听一个孩子的意见呢？她懂什么呀，这房子住是一方面，另一方面也是资产，要考虑到投资回报的问题，要买将来能升值的房子，要不就亏大了。"

原本兴致盎然的妙妙听了妈妈的话，立刻变得神色黯然了起来。爸爸对妈妈的话不认同，说道："妙妙虽然是孩子，但也是家里的一分子呀，她也是要住房子的，说不定住的时间比我们还久，所以她的意见很重要。我觉得吧，房子首先是用来住的，所以住得开心更加重要，至于会不会升值就看运气吧，也许我们运气好，等周围的配套设施建起来了，房价会快速上涨呢！"

就这样，妈妈被爸爸说服了，最终选择了妙妙喜欢的那套房子。爸爸说的没错，每天住在自己最喜欢的房间里，果然心情都变好了。

⊙ 沟通笔记

歌德说过："谁不能主宰自己，谁将永远是个奴隶。"因此，父母可不要小看"家庭民主"的重要性，这可不是说上一两句话、发表个见解这么简单的事，它关乎着孩子能不能成长为一个独立自主的人。只有孩子在思想上解除对父母的依赖，才能在行动上独立起来。

在民主的家庭氛围中，孩子更健谈

在孩子会走路和说话后，他们会渴望拥有一个相对独立而且可以自由活动的空间，在这个空间里，孩子触手可及的物品都是自己的东西，他们可以按照自己的喜好随意摆放。当孩子的年龄越来越大时，他们的需求从空间上转变到了心理上，他们渴望在家中被平等地对待。只有这样，他们才能感受到自己也是这个家的一分子，才更愿意在这个家中表达自己的想法。

⊙ 沟通误区

妈妈要去参加同学聚会，接连试了几套衣服，可还是不知道该选择哪套好，于是便问正在看书的果果："果果，你觉得妈妈穿哪套衣服好看？"

"都还行吧。"果果敷衍地回答道。

"你这孩子，我问你哪套好看，你这说了等于没说。"妈妈抱怨道。

果果看了看正在镜子前左右端详自己的妈妈，再次开口道："那你就穿身上这套吧。"

妈妈听了，转了一圈又仔细看看，似乎还是不满意，于是又走到卧室，问正在打游戏的果果的爸爸："老公，你觉得我这身衣服好看吗？"

果果的爸爸连忙回头看了一眼，点着头说："好看好看，我老婆穿什么都好看。"

妈妈觉得果果的爸爸在敷衍自己，于是换了一套，到果果的爸爸面前转了个圈，问道："那这套呢？好看吗？"

果果的爸爸又连忙回头看了一眼，点着头，台词也不换地说："好看好看，我老婆穿什么都好看。"

妈妈一听生气了，说道："我好不容易向你们征求一次意见，你们谁都不好好说，就知道敷衍我。"

一旁的果果听了，小声地嘀咕着说："您也知道您问一次意见不容易呀，一年到头也就问这么一次，我和爸爸已经被'奴役'惯了，早就不会发表意见了。"

妈妈被果果的话气得半死，但是果果说的又句句属实。最后，妈妈还是穿上了一套自己喜欢的衣服出了门，既不是果果说的那套，也跟果果的爸爸的意见无关。

⊗ 现场指导

一般来说，父母的教育方式大致可以分为三类：溺爱型、强势型、民主型。

如果说"溺爱型"的父母凡事都听孩子的，孩子说一不二，那么"强势型"的父母则刚好相反，凡事都是自己说了算，其他人根本没有发言权。可以说，在亲子沟通之中，这两种类型的父母都无法与孩子建立起良好的沟通关系。

能够与孩子进行良好沟通的父母，是第三类父母——"民主型"父母。经过调查发现，创造能力强的孩子大多出生在一个民主氛围浓厚的家庭。那么，什么是"民主型"父母呢？

假如，孩子把厨房弄得一团糟，如果你说："乱就乱吧，妈妈一会儿就收拾好了。"那你就属于"溺爱型"的父母，既不会引导孩子，也不会批评孩子。

如果你说："你怎么这么能折腾？给我把厨房收拾好，以后再也不许进来了。"那你就属于"强势型"的父母，只要孩子没有遵从你的意愿，你就会对孩子施以严厉的批评。

如果你说："你是想给妈妈做饭吧？来，妈妈陪你一起做，我们一起研究一下怎么做美食。"这就是"民主型"的父母。

通过以上对比，如果你是孩子，你更愿意选择与哪一类型的父母交谈呢？答案是显而易见的。在一个民主的家庭氛围当中，父母往往可以成为孩子信赖的长者或是和蔼可亲的大朋友，孩子愿意与父母沟通、与父母聊天，愿意将内心真实的想法告诉父母，因为孩子知道，父母会尊重自己的意见和想法。

处在一个民主的家庭氛围中，孩子会对自己充满信心，会认为自己很能干，愿意在家庭中发表自己的各种观点。他们信任父母，渴求得到父母的指导。由于孩子愿意主动与父母进行沟通，因此家庭中亲子关系会非常和谐，孩子也往往性格活泼开朗、独立自信，有自制力和创造精神。

❯ 典型事例

莎莎要过 14 岁生日了。她的好朋友过 14 岁生日时，举办了一个隆重的生日聚会，邀请了很多人参加。莎莎也想办一个这样的生日聚会，但是莎莎需要先和妈妈商量一下。

回家后，妈妈恰好提到了莎莎过生日的事情，莎莎立刻抓住机会，说道："妈妈，这次过生日我可不可以在家里举办一个盛大的生日聚会？我想把我的好朋友都邀请来参加。"

妈妈听了，略显为难。因为莎莎家是一个大家庭，她们一家三口人和爷爷奶奶住在一起，偶尔小叔小婶也会带着小宝宝过来。如果把同学都邀请来，那么一定会影响爷爷奶奶休息。

妈妈想了想后，建议说："莎莎，这样好不好？妈妈帮你找个饭店，然后布置一下，在饭店里举办聚会行不行？"

莎莎听了，有些失望，她回答道："我不想去饭店，因为饭店吃完饭就得离开，可我还想和朋友们多玩一会儿。"

妈妈能够理解莎莎的想法，但是又不得不考虑家里其他人的情况，于是准备开一个小小的家庭会议来解决这个问题。

周末，小叔也来了。一家人坐在客厅，莎莎首先发言道："爷爷奶奶，爸爸妈妈，小叔婶婶，我马上就要过14岁生日了，长这么大，我还没有跟朋友们过过生日，所以这次我想邀请朋友们来家里给我过生日。"

奶奶听了说："看来这次我们得靠边站了，本来爷爷奶奶还想带你去吃好吃的呢！既然你决定跟朋友过，那就先跟朋友过吧。"

爷爷接着说："朋友多，说明我们莎莎的人缘好，爷爷没有意见。"

小叔和婶婶听了，也笑着表示说："我们也没有意见。就是到时候家里人多，难免会吵闹一些，要不爸妈就去我们家玩一天吧。"说完，小叔和婶婶看向了爷爷奶奶，爷爷奶奶直称这是个好主意。

家里大多数人表示了赞同的意见，莎莎的爸爸妈妈自然也支持莎莎的选择。莎莎不但度过了一个难忘的生日，还从这个生日中学到了遇到事情，大家可以一起商量，这样就会得到一个最好的结果。

在民主的家庭中，孩子可以学会互助、互爱、合作、谅解，这样的孩子情绪稳定，情感丰富、细腻，性格开朗，自信自爱。而要成为民主的父母，就要知道孩子与自己在人格上是平等的，要尊重孩子的发言权、参与权，有了事情可以与孩子一起商量，谁说得有理就听谁的，并且给他们自己做主的权利，父母的任务只是给予指导，而不是替孩子做决定。

只有在这种民主平等的沟通氛围中，父母和孩子之间才能建立起相互尊重、相互信任、相互理解的亲子关系。

别拿孩子开玩笑，也不要取笑孩子

很多父母总是喜欢拿孩子开玩笑，孩子出了糗，不但不安慰，反而是笑得最大声的那个人。这样的父母可能认为这只是一种生活态度，并不会对孩子的成长造成影响。却不知道，每个人对自己都会有一个总体上的知觉和认识，是自我知觉和自我评价的统一体。

孩子同样有这样的自我概念，而这种自我概念通常取决于父母如何看待孩子。父母不经意的一句玩笑话，在孩子看来那或许就是真实的自己，从而对自己产生认知上的偏差。

> 沟通误区

　　巧慧是一个长相白白净净、肉乎乎的女孩，在同学和老师看来她十分可爱。这天英语课上，老师要排练一出英语情景短剧，其中有一个人物形象十分符合巧慧，大家都推举英语口语很好的巧慧上台去表演，可是巧慧却扭扭捏捏地怎么也不愿意上台，最后老师不得不另选他人。

　　看着那个各方面都不如自己的女孩自信地站在讲台上，巧慧心里羡慕极了，不禁想起了小时候。小时候的巧慧就是胖乎乎的样子，别人夸她可爱的时候，妈妈会说："胖得像小猪一样，沉得抱不动。"

　　后来巧慧长大了，身材依旧是她过不去的坎儿。有时候巧慧吃得多了一些，妈妈就会说："少吃点吧，都胖成啥了？女孩子还是要身材苗条点。"

　　有时候，妈妈也会拿巧慧的体重开玩笑。巧慧称体重的时候，妈妈会在一旁说："小心点啊，别把秤踩坏了。"妈妈觉得很搞笑，但是巧慧却觉得很丢人。

　　所以上了初中以后，巧慧就开始有意识地减肥了，可每次巧慧说自己减肥的时候，妈妈总是说："你还在长身体呢，减什么肥呀？"

　　在妈妈长期的说笑声中，巧慧只敏感于其中"嘲笑"的因素，从而变得十分自卑，她明明不是很胖，却总认为自己难看，平时走路也总是低着头，与同学相处时也是能让就让，绝不与人争执。

有时候，在父母看来无关紧要的几句玩笑话，却可以在孩子的心里埋下自卑的种子。父母用玩笑伤害了孩子，但孩子却不知道怎么应对这样的父母。

孩子高高兴兴地唱歌，父母就说孩子调子跑到了十万八千里以外；孩子蹦蹦跳跳地跳舞，父母就说孩子像猴子一样上蹿下跳；孩子皮肤黑一些，就时常嘲笑孩子是"黑煤球"；孩子身材胖一些，就说孩子像小猪一样圆滚滚……

父母不知道的是，自己脱口而出几句开玩笑的话语，会给孩子造成错误的认知，他们会觉得自己是不是做错了？父母是不是觉得他们很可笑？当他们找不到一个确定的答案时，内心就会陷入迷茫之中，从而对自己产生怀疑，陷入自卑的情绪当中。

进入青少年时期的孩子，他们既好强又脆弱，自尊心对他们而言，就像是一件易碎品，很容易受到周围人与事的影响，尤其无法忍受来自父母的取笑，哪怕这取笑是善意的。

所以，一位美国教育家曾这样说："永远不要取笑孩子，因为没有什么比取笑更能让一个孩子变得无礼、粗暴、心理扭曲了。"取笑就像是一把看不见的剑，会刺向孩子的心灵，刺伤他们的自尊心。同样的意思，用取笑和讽刺的口吻来说，就会让孩子怀疑自己，甚至无地自容；但用鼓励和平和的方式来表达，就会取得完全不一样的效果。

我们的最终目的是培养一个健康的孩子，不仅仅是身体健康，更重要的是心理健康。因此，在日常交流中，父母要尊重孩子，而这尊重不仅仅体现在大事上面，也要体现在生活的方方面面，尊重孩子就要尊重他们的一切，哪怕是孩子说的话在父母看来如天方夜谭，也不要取笑孩子。这不仅是父母对孩子的尊重，更是父母具有良好涵养的一种体现。当然，也只有父母给予孩子尊重，孩子才能从心里更愿意接近父母、更尊重父母。此外，面对别人对自己孩子的戏弄和取笑时，父母也应该理直气壮地抗议——"对不起，请尊重我的孩子，不要取笑我的孩子。"

　　迪迪十分喜欢唱歌，他的梦想就是成为一名歌手。可是进入青春期以后，迪迪开始变声了，说话的声音就像鸭子叫一样，这让迪迪感到十分自卑，不敢再在他人面前唱歌了。有时候他实在想唱歌了，就偷偷躲进房间里唱。

　　这天爸爸有事找迪迪，推开房门的时候，迪迪正在悄悄拿着音乐软件唱歌呢。爸爸没有惊动迪迪，等迪迪一曲终了时，爸爸站在门口鼓起掌来。听到掌声的迪迪扭头看到了爸爸，有些不好意思地站起来，说道："爸爸，你干吗偷偷摸摸地站在门口呀？"

　　爸爸笑着说："我要是不偷偷摸摸的，还听不到我儿子一展歌喉呢！你别说，你唱得还真不错呢！我觉得比那个谁谁谁强多了。"

　　迪迪觉得爸爸这"马屁"拍得有些太明显了，便自我贬低道："哪有呀？我现在声音跟鸭子似的，没唱得鬼哭狼嚎的就不错了。"

　　爸爸觉得迪迪太缺乏自信了，便鼓励道："你现在正在变声期，声音不好听很正常。但是你知道吗？这唱歌呀，声音好听不好听是一部分原因，还有一部分原因是感情，声音再好听的人，唱歌没有感情，那也打动不了人。我刚刚听你唱歌就很有感情，所以就忽略了你的声音是什么样的。"

　　听爸爸这样一说，迪迪相信爸爸不是故意拍他的"马屁"了，从此以后自信了很多，也不怕在别人面前唱歌了。

我们成年人都反感别人的取笑和讽刺，更何况需要关心和呵护的孩子呢？父母要时刻谨记，孩子的世界与想法和大人是不同的，大人觉得好笑的事情，对于孩子可能就是一种伤害。所以，除非孩子的性格特别开朗，否则父母千万别取笑他。

第六章

父母会提问，才能得到想要的答案

在亲子沟通之中，经常见到父母还没问上几句话，孩子就回答得不耐烦了的情况。父母认为这是孩子对父母缺乏耐心，不愿意交流的表现，实际上是父母的提问方式出了问题。

父母或许没有意识到，一个简简单单的问题，往往直接决定了亲子之间的沟通质量。父母能够恰当地提问，孩子才愿意好好地回答，父母也才能够越问越明白。也只有恰当的提问，才不会给孩子造成很大的压力，才能让孩子畅所欲言，充分表达自己内心的想法。这样，父母才能进行明确的判断，并且有机会给予孩子适当的引导，告诉孩子如何完善想法，从而形成亲子间深层、良性的互动。

再多的疑问，一次也只能问一个问题

有时候，父母太过于急切，想马上知道孩子的所有情况，所以在提问时会把诸多问题全都在一个时间段内提出来，而这样连珠炮式的提问，很容易导致孩子为了求得安宁，而用拙劣的借口来搪塞父母。

⊙ 沟通误区

小江从前是一个比较顽劣的孩子，经常逃课、打架，妈妈为此操碎了心。但自从初二换了班主任后，小江的情况有了很大的改观，只是妈妈还时不时害怕小江犯"老毛病"。

这天正上着晚自习，忽然停电了，学校只好提前放学。

小江回到家里时，爸爸妈妈正好不在家，于是小江就看起电视来。正看得起劲儿呢，妈妈回来了，看到此时不应该出现在家里的小江，妈妈的第一反应就是小江又逃课了。

"你怎么在家呀？这个点你不是应该在学校上课吗？你是不是又逃课了？"妈妈连珠炮似的问道。

面对这一连串的问题，小江也不知道应该先回答哪一个，只好用"没有"两个字回应妈妈。

"真的没逃课？那你怎么没去学校？在家待着干吗呀？是哪儿不舒服了吗？"妈妈对小江的话半信半疑，于是接着问道。

　　"我没撒谎，你爱信不信！"说完，小江起身关掉了电视机，转身回到了自己的房间，将房门"哐"的一声关上了。

　　妈妈很生气，觉得孩子一点儿也不让她省心。小江也很生气，觉得妈妈一点儿都不信任他。

⊙ 现场指导

　　很多父母在提问时，一心想要证实自己内心的猜想，所以恨不得一次性将自己心里的疑问全部问完，却没有考虑过面对着"狂轰滥炸"式的提问，孩子的内心会作何感想。父母会觉得这是自己关心孩子的一种表现形式，但在孩子看来，这却是父母不信任自己的表现。

父母合理的提问，可以了解孩子日常的情况，也能增加亲子间的关系。但是提问的方法不对就会让孩子产生反感，不仅起不到很好的交流作用，还会让孩子不知所措。连珠炮似的提问方式，既表现出了父母的急躁和没有耐心，也会导致孩子不知先回答什么，所以只回答其中一个他认为最重要的。

而得不到想要的答案，父母就会认为孩子没有认真听自己讲话，对自己的问题"答非所问"，于是会进行下一轮的"轰炸式"提问，直到将孩子逼到无处可退的地步，使孩子不是在沉默中爆发，就是更加沉默。

孩子虽然小，但他们也有自己的一番天地，如果父母将他们"逼"得太紧，就会引起他们维护自己一方领地的警觉，从而不愿与父母"打开天窗说亮话"。况且，现在的孩子功课多，压力大，回家若是再遇上父母没完没了地发问，哪个孩子不会烦呢？

而且孩子最怕的就是被身边的人怀疑，尤其是来自父母的怀疑。如果父母对他们的行为产生怀疑，就会让他们产生极强的挫败感，心理脆弱的孩子还会因此对父母产生失望之情。

因此，父母若是想要从孩子口中得知自己想要的答案，就要耐着性子，一次只问一个问题，等到孩子回答完后，再继续提问。

＞ 典型事例

最近，妈妈发现晓乐似乎十分重视自己的外貌，以前一个星期顶多洗两次头发，现在几乎天天都要洗，有时候不洗头发都不愿意出门。

妈妈认为，当一个女孩子开始注重自己的外表时，很有可能是谈恋爱了。于是妈妈便趁着晓乐不注意，悄悄跟踪晓乐，但奇怪的是，一直没有发现晓乐身边有"身份可疑"的男孩子出现。后来学校开家长会，妈妈发现晓乐的班主任换了，换成了一个年轻帅气的小伙子。妈妈开始怀疑，晓乐之所以这样注重自己的外表，是因为她暗恋老师。

这一猜测让妈妈更加担心了。这天，妈妈看到晓乐又在洗头发，便走过去问："晓乐，你昨天不是刚洗过头发吗？怎么又洗呀？"

晓乐一边冲水一边说："我头发爱出油，一天不洗，头发就贴头皮上了，跟海带片一样，难看死了。"

"哦，是这么回事呀。"妈妈假装明白了，但是心里却依旧怀疑，她知道孩子不会轻易吐露心声，于是接着问道，"你以前不这么注意外表呀，怎么现在变得这么在意了？"

"这不是以前没人跟我说过这事吗？前段时间天气热，我同桌就说我了，老远就能闻到我头上的头油味，还问我是不是一个月才洗一次头，我当时恨不得找个地缝钻进去，真是丢死人了。"晓乐说着，头发也洗完了，抬头看着妈妈，不解地问道："您这么关心我洗不洗头干吗，怕我浪费洗发水呀？"

听到晓乐的回答后，妈妈的心立刻就放进了肚子里，原来是自己多想了。所以面对晓乐的反问时，多少有点心虚，连忙解释道："这不是关心你吗！或许是妈妈买的这个洗发水不适合你，下次妈妈换一个牌子的，你看看头发还会不会出油了。"

听了妈妈的回答，晓乐点了点头，吹干头发后上学去了。

"问"的前提是充分尊重孩子。因此，父母在同一件事上的提问不要多，"一次只提一个问题"就足够了。过多的提问不但不能够向孩子表达出关心之情，还会让孩子变得敏感。

其实，孩子在成长过程中难免出现一些问题，而这些问题最终的结果，跟父母关系巨大。父母若是能够以一颗平常心对待，不要一发现孩子有反常之处，就对孩子进行喋喋不休的盘问，让孩子感受到来自父母的信任，孩子就会用成为更好的自己，来回报父母的这份信任。

反问式的提问，只会让矛盾升级

在亲子沟通中，很多父母习惯性地用反问式的责备与孩子交流，比如，孩子被地上的玩具绊倒而大哭时，妈妈会指责说："你看你看，早就跟你说过小心一点儿，你长耳朵干什么使的？"

父母以为这样的提问方式能够让孩子感受到责备的力量，实际上，反问句对于亲子关系的建立，并不是一种很好的方式。

▶ 沟通误区

文婷这次考试失利了，总分比上一次下降了 20 多分。看着试卷上的成绩，文婷后悔极了，因为在考试前妈妈一直督促她好好复习，但是她认为学习的内容比较简单，快考试时再复习也不迟，于是每次都说"不着急，考前两天再复习也来得及"。现在成绩退步了，文婷不知道回到家后妈妈会怎样批评自己。

当文婷硬着头皮走进家门后，妈妈第一句话问的就是："这次考试成绩下来了吧，考得怎么样啊？"

文婷小声地说："没有上一次考得好。"然后小心翼翼地汇报出了各科的成绩。

"什么？数学才考了 70 多分！我跟你说什么来着？让你早早复习，你怎么说的？你说'不着急'，我还以为你胸有成竹了呢！结果就考了这么几分回来。你说说你，是不是有些过分自信了？"

文婷被妈妈说得低下了头，她不知道该怎么回答妈妈的问题。实际上，妈妈的问题也不用回答，答案就在问题中。

看文婷不说话，妈妈更生气了，继续说道："你怎么不说话了？考试之前你不是说得挺好的吗？"

"我说话你就不骂我了吗？"被妈妈批评得也有些生气的文婷气鼓鼓地说道。

"你还有理了？你没考好，我批评你几句都不行了吗？"妈妈大声地问道。

文婷很想说："你那是批评几句吗？"但是她知道，这样回

161

答，妈妈一定不会放过自己，于是主动认错道："妈妈，对不起，我错了。"

"错了？那你说说你错哪儿了？"妈妈明知故问道。

"我不该不听你的话，不该不着急复习，不该过分自信。"文婷一条一条地说着。

"知道错了，还在这儿傻站着干吗？赶紧写作业去呀！还等着我给你写呢？"妈妈瞪了一眼文婷，恨铁不成钢地说道。

文婷回到自己的房间，关上房门的那一刻，长长地舒了一口气，她一点儿都不想和妈妈再多相处一分钟。

文婷的妈妈这种反问式的提问，实际上就是在责备孩子，会使孩子对父母的语言产生排斥和防卫心理。不管多大的孩子，在父母的反问式质问下都会感到委屈，甚至胆小一点儿的孩子马上会眼泪汪汪，而稍微倔强一点儿的孩子，家庭争吵肯定无法避免。在这样的情况下，父母还想要了解一些关于孩子的真实情况，那就难上加难了。

用反问的语气对孩子进行提问，孩子无论是辩解还是反问回去，都会令亲子双方的火气越来越大，因为反问作为一种修辞方式，它的重点是明知故问，也就是"揣着明白装糊涂"，只有这样才能增强语气的力量。换句话说，反问的目的是增强语气，令说话的人更加有气势，并不是以"沟通"为前提，不是以沟通为前提的沟通，双方又怎么能平和地进行交流呢？

心理专家认为：父母在处理亲子之间的矛盾时，跟孩子之间的沟通忌用反问句，反问句给予孩子的是责备，是质问，是在展现自己的优势，透露的是消极的不合作的态度，不是一种积极解决问题的方式。

因此，父母要想与孩子进行良好的沟通，唯一的办法只能是绕过反问，将自己真正关心的问题提出来，直接对孩子进行发问，这样孩子才能直接回应父母提出的问题。

　　小颖在钢琴课上学了一首新曲子，因为曲子比较难，小颖掌握得不是很好。回了家一进门，妈妈就问小颖："今天练的什么曲子呀？弹一弹给妈妈听听。"其实，妈妈已经知道了今天小颖练了什么曲子，因为老师已经在群里说过了。

　　平时妈妈对小颖的要求很严格，如果让妈妈知道自己弹得不好，妈妈肯定又会批评自己。情急之下，小颖弹了一首曾经练习过很多次的曲子。妈妈听到小颖弹了一首旧曲子，心里很恼火，没好气地问小颖："你当我是聋子吗？你弹的是新曲子还是旧曲子，我难道听不出来吗？"

　　小颖看到妈妈有些生气了，便不熟练地弹了一遍新曲子。妈妈一听更加生气了，问道："你弹的这是什么东西呀？你自己不觉得难听吗？我每个月花那么多钱让你学钢琴，你就学成这个样子？你对得起我的付出吗？"

　　听到妈妈这样说，本来就觉得自己没有弹好的小颖心里更加难受了，忍不住坐在钢琴前哭了起来。看到孩子伤心的样子，妈妈突然有些后悔了，她觉得自己说话的语气太差了。

　　于是妈妈迅速调整了自己的情绪，对小颖说道："妈妈不应该用那种责备的语气对你说话，对不起，妈妈错了。原谅妈妈好吗？"

　　小颖擦了擦眼泪，点了点头。

　　妈妈见小颖的情绪好了一些后，便柔声问道："你能告诉妈妈这首曲子你为什么没有学好吗？"

看着妈妈的表情柔和下来，小颖也放松了下来，说道："这首曲子今天刚学，我还练得不是很熟练。你刚才让我弹，我害怕自己弹得不好你会批评我，所以就有点紧张，越紧张就越弹不好。"

听了小颖的解释，妈妈告诫自己，以后再也不能用那样的语气跟孩子说话了。

⊙ 沟通笔记

在亲子沟通中，反问是一种非常糟糕的表达方式。同样的问题，如果父母换上"是不是这样""说说原因好不好"之类商量的语气，就会让孩子更加乐于与之交流。即使是犯了错误的孩子，面对父母给的"台阶"，也愿意主动说明自己的情况或表示自己的悔意。

审问式提问，会让孩子"自动防御"

审问式提问，顾名思义，就是一方以审问犯人一样的方式进行提问。在亲子交流的过程中，很多家长是审问式提问的高手，弄得与孩子之间的关系越来越疏远。

> 沟通误区

上初中后，小宇交到了一个好朋友小雪，两个人很有共同语言，经常一起学习一起看书。

但是小宇的妈妈十分反对他们做朋友，因为小宇的妈妈认为男孩子和女孩子之间走得太近不正常。她总是时刻叮嘱小宇不要与小雪走得太近，而且每次都会搬出"学习"这座大山来施压，告诉小宇这样下去会影响他的成绩。这使得小宇与妈妈之间的谈话变得越来越少，小宇在自己的心里建立了一道防御的高墙，将妈妈隔绝在外。

这天，小宇对妈妈说他要去图书馆借书。妈妈马上露出了怀疑的表情，问道："你和谁去图书馆？是不是和小雪一起去？"

妈妈的态度让小宇很是反感，于是不耐烦地回答道："我和其他同学一起去。"

"和谁去？是男同学还是女同学？叫什么？"妈妈挡在小宇面前，像审问犯人一样盘问小宇，这让小宇感到十分不舒服。

于是小宇气呼呼地说："我不去了行不行？"说完，转身回到了自己的屋里。

小宇越想越觉得气闷，于是拿出手机，给小雪发了一条信息："我妈好烦！每次出门都要刨根问底，恨不得装个监视器在我身上。我觉得自己不是她的孩子，而是她的犯人。"

作为好朋友，小雪连忙安慰了小宇一番，这让小雪与小宇之间的关系更亲近了。

在对待孩子的问题上，很多父母总会不自觉地表现出居高临下的态度，而审问式的提问方式就是这种态度最明显的体现。

审问式的提问，使孩子处于"被审问者"的位置，这样很容易给孩子造成一种"受审"的不平等感。特别是孩子到了青春期，他的独立意识增强，在这种审问方式下，孩子心理就会启动"防御系统"，要么以沉默应对父母，要么用假话、谎话来应付父母，或者用生气的方式来表现自己的不满。

或许父母本身并没有意识到，审问式的提问对孩子具有强烈的暗示性，暗示孩子的行为或情绪是错误的；而从孩子的角度来说，他们并不认为自己有错。于是沟通之中的矛盾就这样产生了。

孩子都喜欢听好话，父母越是指责他们，他们就越会和父母对着干。因此，在与孩子交谈时，父母的言语要尽量温和并充满慈爱，多用关切商量的语气，将孩子与自己置于平等的位置上，切忌使用居高临下的训导式、审问式语气交谈。

即便在交谈中，发现孩子的想法与自己的明显不同，甚至是错误的，也不要马上打断和质问。很多孩子产生异常行为都不是一时冲动的结果，多数是因为与父母缺乏有效的沟通，自己长期积压的情绪得不到安慰、支持和宣泄，才转而选择逃避或毁灭自己的方法。

所以，父母要想知道孩子的真实想法，掌握孩子的真实动向，就千万不要选择"审问式"的提问。

⊙ 典型事例

馨瑶有一个从小玩到大的"死党"阿飞，不过这个死党是一个男生。小时候两个人总在一起玩，大人们觉得很正常，毕竟小孩子心思单纯，不会有那么多复杂的想法。但是自从上了初中后，馨瑶还天天跟阿飞玩在一起，妈妈就有些担心了，因为正是青春懵懂的年龄，男女同学在一起，很容易产生悸动。

周末，馨瑶穿得漂漂亮亮地准备出门，临走前对妈妈说："妈，我和阿飞去趟图书馆啊。"

妈妈一听跟阿飞一起出去，瞬间就紧张起来，她很想问："就你们两个人吗？"但是又怕问得多了会引起馨瑶的反感，于是到了嘴边的话变成了"路上车多，你俩注意安全啊"。

馨瑶听了，摆摆手说："放心吧，我们好几个同学呢！"说完就出了门。妈妈听到不只他们两个人，心也放了下来。

可是总这样猜忌，妈妈觉得不是长久之计，便决定找个机会，好好问问馨瑶。晚上馨瑶从图书馆回来后，拿着新借回来的书向妈妈炫耀说："妈，你看这本，是阿飞推荐给我的，他都看完了，说特别好看。"

妈妈顺势问道："馨瑶，你跟阿飞从小玩到大，你会不会喜欢他呀？"

馨瑶瞬间明白了妈妈所说的"喜欢"是什么意思，立刻脑袋摇得像拨浪鼓一般，说道："妈，我们是'哥们儿'，是一起玩泥巴的交情。"

看着馨瑶那认真解释的样子，妈妈瞬间放下心来，说道："我就是好奇问问，这不也是关心你吗。"

"您就放心吧，如果我哪天喜欢上他了，第一个告诉你。"馨瑶丢下这样一句话后，抱着书回自己房间了。

⊙ 沟通笔记

想让孩子快乐成长，并不需要父母有多少专业性的知识与技能，只需要父母拥有更大更开阔的精神空间，遇到问题直接沟通，不是高高在上的审判，也不是无休止的猜忌，而是与孩子进行平等的交流，言辞间表现出对孩子的尊重与关爱。只有这样，孩子才会卸下心理的防备，愿意真实地回答父母提出的问题。

想得到真实的答案，就不要假设为先

提问的方式有很多种，但假设式提问基于事实而不限于事实，非常具有创意特征，也因此常被访谈类节目主持人采用。当然，家长们在尝试这种提问方式时，需要根据具体情况而定，避免因不懂技巧而产生背道而驰的效果，最终影响亲子关系。

⊙ 沟通误区

木木开学上小学六年级了，新学期开学的第一天，妈妈送木木去学校报到。

路上，妈妈不放心地嘱咐道："木木，你都六年级了，可不能再像以前那样上课小动作不断了。"

"知道了，妈妈。"木木回答说。

到了学校，妈妈看着木木和老师走进了教室，一步三回头地离开了。

木木放学回到家里后，妈妈第一件事就是询问："儿子，今天上学怎么样啊？你淘气了没有？你们的老师管得严不严？"

木木有些迟疑，小声说道："我们老师很厉害，谁不听话就会训谁！"

妈妈一听，觉得木木是在有意逃避她的问题，于是继续问道："那你上课是不是捣乱来着？"

木木回答："没有。"

可妈妈却不信。在妈妈看来，既然孩子没有捣乱，怎么会说老师厉害呢？于是继续问道："上课没有捣乱，你怎么就说老师厉害呢？"

木木被妈妈问得不耐烦了，再加上妈妈总是引导他说出自己"捣乱"的话，于是气呼呼地回答道："那你去问老师好了，别问我了！"

▶ 现场指导

其实，父母对孩子发出这样的假设性提问时，往往在内心已经设定好了答案，而孩子的回答只是用来验证自己的判断是否正确。

比如，在学校吃过饭的孩子回家后，又吃了很多饭，父母便想要知道孩子在学校的吃饭情况，于是问道："你们学校的饭是不是没有家里的好吃？你怎么和没有吃一样？"

在这个问题中，父母就事先有了一种假设，那就是学校里的饭菜没有家里的饭菜好吃，而父母发问只是想要证实一下自己的判断。如果孩子的回答肯定了父母的判断，父母就会说："我就说嘛，肯定是这样。"如果孩子的回答与父母的判断不一致，父母就会追问："真的吗？你是不是在骗我？"

这样提问的次数多了，一些孩子为了避免"节外生枝"，便会顺着父母假设的问题来回答，至于答案是否属实，对于孩子而言并没有什么关系；但是对于父母而言，却错失了听到真相的机会。

因此，如果父母要想从孩子的口中得到真实的答案，就应慎用假设性提问。杨澜说过："作为一个提问者察觉对方头脑中的一些价值观假设的过程，其实就是验证自己价值观建设过程。"意思就是说，在假设性提问中，父母就是观点的引导者，是在有意识地引导孩子的观念和思维，所以孩子的回答多半是受了父母引导的影响，并非完全是自己真实的想法。

那么，假设性提问能不能用呢？当然可以用，只是要分情况使用。当父母想要知道发生在孩子身上的真实情况时，就不能用假设性的提问对孩子进行提问；但如果父母希望通过提问的方式让孩子进行思考，就可以尝试使用假设性的提问来引导孩子。

芝芝的爸爸和妈妈感情不太好，但是为了给芝芝一个完整的家庭，爸爸妈妈一直努力维持着表面的和谐。

芝芝一天比一天大，上了初中以后，芝芝越来越懂事，有时候看到爸爸妈妈吵架，芝芝还会安慰妈妈说："妈妈，等我长大了，一定挣很多很多钱，给你买套大房子，这样你就不用受爸爸的气了。"

在一次争吵过后，妈妈想跟爸爸彻底分开，但是妈妈又怕直接跟芝芝说这件事，芝芝会接受不了。左思右想之后，妈妈想到了一个办法。

晚上芝芝正准备睡觉，妈妈走了进来，坐到芝芝旁边说："芝芝，妈妈想问你个问题。"

芝芝问道："什么问题啊，妈妈？"

"嗯，是这样，妈妈的一个朋友打算离婚，但是不知道该怎么面对她女儿，是直接说呢还是先瞒着她女儿呢？她女儿跟你一样大，所以我想问问你，你说她更愿意接受现实，还是更愿意生活在美丽的谎言中呢？"说完，妈妈看着芝芝，等待着芝芝的答案。

"这个嘛……我不是她女儿，我也不知道呀！"芝芝回答道。

"那假如换作是你呢？你会选择什么？你是愿意接受爸爸妈妈分开的现实，还是愿意爸爸妈妈为了你，勉强生活在一起？"妈妈继续问道。

"我，我当然希望我们一家人永远生活在一起。"芝芝眨着眼晴看着妈妈，妈妈虽然有些失落，但这是孩子的愿望，妈妈也只能接受。这时，芝芝又继续说道，"但如果让爸爸妈妈为了我勉强生活在一起的话，我也会不开心。我希望爸爸妈妈都能开心，只要爸爸妈妈开心，我也会开心。"

说完，芝芝对着妈妈露出了微笑，仿佛在安慰妈妈一般。妈妈什么也没有说，但心里已经有了打算，她摸了摸芝芝的头说道："谢谢宝贝的答案，晚安。"

⊙ 沟通笔记

语言是一门艺术，亲子之间的对话更是一门特殊的艺术，父母在问话上不仅要注意自己的问话方式，还要注意问话使用的场合。同一种问话方式，可能适用于这个场合，却不适用于那个场合，就像是"假设性提问"一样，要根据不同的情况使用，这样才能起到更好的沟通效果。

答案不确定时，先不要归罪于孩子

在现实生活中，孩子犯了错后都会本能地想要告诉父母，但渐渐地他们却开始选择隐瞒，这跟父母对待孩子的态度有很大的关系。有时候父母归罪式的提问，就会令孩子选择逃避的方式来面对。而父母若总是用归罪的方式进行提问，那么，孩子就会习惯于用逃避责任的方式来回应父母。

❯ 沟通误区

放暑假了，表妹来到了糖糖家。糖糖十分开心，这样爸爸妈妈去上班时，就有人跟自己在家做伴了。这天，爸爸妈妈去上班了，写完当天的作业后，糖糖和表妹便玩起了"公主参加晚宴"的游戏。她们假装自己是公主，穿上了漂亮的裙子。

"姐姐，公主还有高跟鞋，我们没有穿高跟鞋，就不像公主。"表妹说道。

"我们把我妈的高跟鞋找出来穿上，走！"说完，糖糖就拉着表妹来到了鞋柜前。

鞋柜里有好几双妈妈的高跟鞋，两个人每人穿了一双，在客厅里走起"模特步"来。忽然，"啪"的一声，糖糖脚下的鞋跟断了。这可把糖糖和表妹吓坏了，她们连忙脱下鞋子，重新放进鞋柜里。

"姐姐，怎么办呀？大姨回来一定会骂我们的。"表妹一脸愁容地说。

糖糖心里也很烦躁，但是她想只要勇于向妈妈承认错误，妈妈应该会原谅自己的。

5点多，妈妈下班回来了。当她打开鞋柜换鞋的时候，一眼就看见了断了跟的高跟鞋，想到这双鞋昂贵的价格，妈妈气不打一处来。

"糖糖！"妈妈大声喊道，糖糖赶忙站到了妈妈身边，正鼓足勇气想要跟妈妈解释时，妈妈指着她怒骂道，"这是不是你给我穿坏的？"

糖糖被妈妈的怒吼声吓得浑身一哆嗦，不敢开口说话了。

"肯定是你！你怎么这么淘气？大人的高跟鞋你也拿来玩！你知不知道我这双鞋多贵？就这样让你穿坏了，真是气死我了！晚上你不要吃饭了。"妈妈指着糖糖大声地指责着。

这下糖糖有些不服气了，梗着脖子说道："凭什么呀？又不是我一个人穿了，妹妹也穿了，你为什么不批评她？"

看到糖糖如此挑战自己的权威，妈妈气得挥手打了糖糖的屁股一下，还说道："犯了错误不知道认错，还要说表妹的不是！"

被打了的糖糖赌气回到了自己的房间，就连妈妈来叫她吃饭，她也死活不愿意出门。

＞ 现场指导

父母归罪式的提问，又称猜想式的提问，这种提问方式是以自己主观的猜想为前提，并在问话中带有归罪性质。当孩子面对这样的提问时，不管是不是孩子的问题，他的第一反应都是否认，而后再想办法进行解释。

父母在与孩子沟通的时候，往往会凭借自己的经验做出盖棺论定。比如孩子小时候很淘气，经常损坏家里的物品，那么当孩子长大了，家里的物品损坏后，父母还会理所当然地认为是孩子干的。

事实上，孩子究竟有没有犯错，父母并没有亲眼所见，只是依照经验做出判断，然后对孩子进行归罪式的提问。说是提问，实际上已经肯定了答案。这种不问青红皂白就先归罪于孩子的沟通方式，会令原本想诚实的孩子本能地选择逃避。

　　不管孩子到底有没有犯错，父母都不能用归罪的语气和孩子交流。东西毁坏了可以买新的，但是亲子间的情感关系破裂了就不容易弥补了。一味地责怪与归罪，只会让孩子逃避问题，同时对父母感到失望，从而渐渐衍生出不愿意与父母沟通的想法。

　　那么，当父母遇到这种问题时，该怎么跟孩子沟通呢？正确的做法是把注意力放在目前亟须解决的问题上，只描述亲眼看见的，或者直接描述问题，而不要指责或归罪于孩子。

浩浩今年上五年级了，他还有一个刚刚上幼儿园的弟弟。这天，妈妈临时有事，爸爸也不在家，妈妈只好把弟弟交给浩浩，让他在家照顾弟弟。

以前浩浩也经常帮妈妈照顾弟弟，但是独自一人照顾弟弟还是第一次。妈妈走后，浩浩便开启了"看娃"模式，弟弟走到哪儿，浩浩就跟到哪儿，生怕弟弟不小心磕着碰着。玩了一会儿后，弟弟说要大便，大便过后，浩浩帮弟弟擦了屁股，冲了小马桶。

当浩浩从卫生间出来时，发现弟弟"闯祸"了。原来弟弟趁着浩浩在卫生间洗马桶的工夫，找到了一盒酸奶，然后把酸奶的盖子打开了，可是他拿不稳，把酸奶洒得到处都是。

浩浩见状，想要把弟弟手中的酸奶抢过来，但是弟弟怕被浩浩抢走，抱着酸奶一路跑一路洒，全然不管浩浩在后面说些什么。为了躲避浩浩，弟弟还爬到了床上，把酸奶藏在了枕头下面，这下不仅地上到处是酸奶，就连床上也到处都是了。

浩浩只好拿出拖布来拖地，没想到酸奶根本拖不干净，就好像在地上画花一样，越擦越脏。就在浩浩忙得焦头烂额之际，妈妈回来了。

看着满地酸奶的污迹，妈妈的血压瞬间升高了，恨不得把浩浩兄弟俩拽过来打一顿。但是又看到浩浩拿着拖布，一脸委屈的样子，妈妈的气消了大半，她什么也没说，只是脱下外衣，挽起袖子，对浩浩说："浩浩，你把拖把放起来吧，然后把抹布给妈妈拿来。"

浩浩本以为自己会挨骂，结果妈妈却没有骂他，于是干起活来分外勤快。妈妈让浩浩将地上的玩具捡起来，浩浩就立刻捡起来；妈妈让浩浩去清洗下抹布，浩浩立刻跑去洗。然后浩浩还帮妈妈铺了新床单，晾了洗干净的床单。

看着被妈妈收拾得焕然一新的家，浩浩低着头说："妈妈，对不起，我没有看好弟弟。"妈妈听了，笑着摸了摸浩浩的头说："你已经做得很好了，帮了妈妈这么多忙，不是吗？"

妈妈的一席话，让原本对弟弟颇有怨言的浩浩瞬间原谅了弟弟。

⊙ 沟通笔记

无论孩子是否真的犯了错误，都不要轻易归罪于孩子，大人尚不能做到永远不出错，更不要说心性还不够成熟的孩子。过早归罪于孩子，会让原本已经知错的孩子错失主动认错的机会，让原本没错的孩子蒙受冤屈。所以，在亲子沟通中，父母一定要避免使用归罪式的提问。

多一个选择，孩子更容易找到答案

在育儿的过程中，父母经常会遇到这样的问题：面对我们直接的命令，孩子会条件反射般地选择拒绝；但如果我们将决策权交到孩子手上，孩子的选择又往往会超出我们的控制能力范围。这时，在问题中给孩子添加一个选项，问题往往会迎刃而解，这样不但尊重了孩子的选择，同时也使事态处于我们的控制范围之内。

❯ 沟通误区

恬恬舞跳得十分好，每次学校举办文艺会演，她都能在节目中大放异彩。在即将举办的六年级的元旦晚会中，老师特地给恬恬安排了一个独舞的节目，这是恬恬在小学阶段最后一次演出了，所以恬恬特别重视，每天放学回家后都要练习很久。

就在恬恬信心满满地准备参加演出时，她发烧了。医生说恬恬患的是病毒性感冒，最好居家隔离，不要到人员密集的地方去。这下可愁坏了恬恬，眼看着第二天就要跳舞了，她却发着高烧，门都不能出。

"宝贝，你还是好好休息吧，妈妈给老师打个电话，取消你的节目吧。"妈妈对恬恬说。

恬恬一听要取消表演，着急地说："不要，不要。妈妈，我不想取消节目，我想参加表演。"

"可是你现在生病了，医生说你至少得三天才能退烧，而且你的病会传染，最好不要出门。"妈妈耐心地劝说道。

"不嘛，不嘛。这是我最后一次表演了，错过了我就再也没有机会了。我吃了退烧药，戴着口罩去，可以吗？"恬恬一边哀求妈妈，一边抽泣着。

"不行！"妈妈态度坚决地拒绝了恬恬的要求，"我是你妈妈，我得为你的健康负责，表演机会以后多的是，错过这一次没什么！你就好好在家待着，直到痊愈为止。"

恬恬一听，哇哇大哭起来，她觉得妈妈一点儿也不理解她的心情。当妈妈再次让恬恬吃药时，她把药推向一边说："我不吃药了，反正我也参加不了元旦晚会，好不好都无所谓了。"

看着恬恬那哭肿的双眼和病恹恹的样子，妈妈一肚子责备的话语也不知道怎么说出口了。

◎ 现场指导

像恬恬这种情况，很多家长在育儿的过程当中都会遇到，孩子固执己见，父母的劝说和命令起不到任何作用。有时候，父母还会被孩子的情绪带动，思维陷入僵局，双方互不让步，导致亲子之间的沟通也陷入僵局。其实，只要父母能够冷静下来，分析当下的情况，将一个选项分裂成两个选项，问题很快就能够得到解决。因为，在亲子沟通中，如果父母只问一个问题，然后提供两个选择，大多数孩子会不由自主地从父母所提供的答案中选择其中的一项。

人的潜意识当中似乎有这样一种思维习惯，就是在面对选择时，会选择其中一项，就算这些选择里并没有他想要的条件，但是因为选项只有这些，便会从中做出选择。当然，也会有人提出其他的条件，但只占很少一部分。

孩子也是一样，当父母为孩子提供了两个选项时，孩子会自然而然地从父母提供的两个选项中选择其中一项。

举个例子：

当父母问孩子："你今天是去奶奶家还是去姥姥家呢？"孩子就会下意识地在奶奶家或是姥姥家做出选择，或是回答"去奶奶家"，或是回答"去姥姥家"。

但如果父母问的是："你今天想去哪里呢？"孩子可能会回答："我想跟妈妈在一起。"

若是父母直接命令说："你今天去奶奶家。"那可能会得到孩子的拒绝："不要，我想要跟妈妈在一起。"

在面对两个选项时，孩子通常会忘记去考虑自己更想要什么，而是转而去考虑这两个选项中哪一个选项对自己更有利了。

因此，在父母与孩子产生冲突时，父母把自己能够接受的方案做成两个选项提供给孩子，让孩子做最后的决定。比起父母的强制或批评，孩子会因为有了选择权而感觉得到了父母的尊重，也会因为拥有了"选择权"而变得积极起来。

需要说明的是，父母在问题中给孩子提供的两个选项，要确保至少有一个选项是孩子能够并且愿意接受的。这样一来，不论孩子做出哪种选择，家长都能够达到平息亲子冲突的目的。但如果父母提供的两个选项都是孩子不愿意接受的，那么孩子就会去选择不存在的第三个选项。

另外，父母只能给孩子提供两个选项，不要给孩子太多选项，因为选项太多容易让孩子无所适从，只会起到适得其反的效果。

⊙ 典型事例

妙妙报名参加了市里的歌唱比赛，为了能够在比赛中取得好成绩，妈妈特意从服装店里给妙妙订做了演出服。每每想到自己穿上漂亮的演出服站在舞台中央高歌的场景，妙妙就激动不已，盼望着比赛那天快点到来。

可就在比赛的前两天，妙妙因为着凉发起烧来，嗓子肿痛到说不出话来，这可把妙妙急坏了，她沙哑着嗓子问："妈妈，我还能参加比赛吗？"

妈妈安慰妙妙说："只要你能尽快好起来，就还可以参加比赛哦！"

妙妙掩饰不住内心的沮丧之情，忍不住问："那要是好不起来呢？"

妈妈只好回答说："那就没办法了，只能退赛。"

"不，我要参加比赛，好不了也要参加！"妙妙急得大哭起来，想到自己无法穿着演出服站在灯光夺目的舞台上，妙妙就伤心不已。

妈妈看着哭泣的妙妙，努力安慰她说："你嗓子都哑了，还怎么上台演唱呢？这样的比赛以后还会有，错过了这一次，还有下一次呀！我们等下一次好不好？"

"不好！我都练歌两个月了，就等着比赛这一天，我不想错过。"妙妙态度坚决地说。

妈妈意识到，再这样沟通下去肯定无法说服妙妙，于是换了个思路，问妙妙："以你现在的身体状况来看，如果你坚持带病参加比赛，不仅不会取得好成绩，还会影响你的嗓子正常恢复和发育，有可能以后你再也无法唱歌了。但如果你选择退赛，好好休养身体，明年的歌唱比赛你就能拿出更好的状态去应对，说不定会取得比今年更好的成绩呢。这两个选项，你选择哪一个比较好呢？"

听了妈妈的话，妙妙闭上眼睛，思考了片刻后，说道："那就退赛吧。"虽然妙妙并不情愿，但终究可以好好躺在床上养病了。

⊘ 沟通笔记

可以说，增加提问选项对于打破亲子沟通中的瓶颈，是十分有效的方式，不仅有助于孩子直接选择，还能帮孩子获得更多自信。一方面，能给孩子带来选择的空间，让孩子感受到来自父母的尊重；另一方面，能够让父母节省下不少说服孩子接受自己建议的时间，可谓是"一问多得"。